日本統一教会
先駆者たちの証言❶

世界基督教統一神霊協会　歴史編纂委員会　編

光言社

推薦の辞

一九四三年十月、二年半にわたる日本留学を終えて日本を発たれるときの若い文鮮明《ムンソンミョン》先生（真《まこと》のお父様）の決意は、次のようなものでした。「二十年後には私は間違いなく帰ってくるから、そのとき再び会おう。今度はこの国（日本）の青年男女たちが、世界に役立つように私が教育する時が来るであろう」。

真のお父様が再び来日されたのは、二十一年後の一九六五年一月のことでした。韓国で真のお父様は、一九五四年五月一日、世界基督教統一神霊協会を創立されました。その後、西大門《ソデムン》刑務所に収監されるなど、国家的な弾圧を受けられる中、日本や米国にみ言《ことば》を宣《の》べ伝える道を模索されます。『原理解説』が一九五七年八月に出版された翌一九五八年七月、み言を伝播《でんぱ》するため、真のお父様は崔奉春《チェボンチュン》（日本名、西川勝《まさる》）宣教師を日本に送られました。

日本に崔奉春宣教師を派遣されるとき、真のお父様は忠清南道《チュンチョンナムド》の甲寺《カプサ》で次のように語っておられます。「君は玄界灘を渡らなければならない。死ぬ前には帰って来られない。

神様のみ旨はそのように非常に厳しいものなのだ。君が無事に到着する時まで、寝ないで君のために祈祷し、君のために精誠を尽くそう」。

このような真のお父様の熱い祈りの中で、日本宣教が始まったのです。本書には、崔奉春宣教師が日本伝道を決意したことを真のお父様に申し上げた日から、日本統一教会創立（一九五九年十月二日）に至るまでの日記と、日本統一教会創立直後に伝道された方々が、どのようにしてみ言と真の父母様と出会い、伝道活動をしたかが記されています。

一読するだけで、草創期の様子が手に取るように鮮やかに蘇ってきます。神様と真の父母様を中心とした日本における先駆者たちの足跡は、今後も記録に残され、多くの人々に感動を与えていくことでしょう。

韓国では草創期の方々のこのような信仰手記は、『証言』として一九八二年から発刊されています。今回、日本宣教五十周年を記念して本書『日本統一教会 先駆者たちの証言①』を発刊する運びとなりました。今後、多くの歴史的な証し集が編纂《へんさん》されていくことでしょう。

真のお父様は、韓国で夏季四十日間開拓が行われた時、「一九五七年度に伝道に出掛けていった時の所感文のようなものは、すべて書籍にして記録しておかなければなりません」

と語られ、草創期の歩みを後世に残すことの重要性を述べていらっしゃいます。

また、「統一教会の歴史を知らなければなりません。そのためには先生の過去を知らなければなりません。先生の過去と懸け離れた人は、いくら自らが統一信徒だと自負しても統一信徒ではありません」と語っていらっしゃるように、真の父母様を中心とした統一教会の歴史を知ることは、教会員にとって、とても大切なことですから、多くの教会員が本書を読まれることを願います。

本書を通して、日本統一教会の草創期における霊的な息吹を感じ、信仰を相続し、真のご家庭と一体となって益々み旨に邁進《まいしん》されることを願ってやみません。

二〇〇八年七月

全国祝福家庭総連合会　総会長　任《イム》導《ド》淳《スン》

発刊に寄せて

このたび、「日本統一教会 先駆者たちの証言①」というタイトルで、西川勝《まさる》先生（崔《チェ》奉春《ポンチュン》宣教師）をはじめ、統一教会の草創期の先輩たちの証言集が出版されることに対し、心から感謝致します。

真の父母様の血と汗と涙の代価によって解かれた「統一原理」のみ言と、神様と真の父母様との神霊的な交わりの中で得られた天啓的な内容、さらには「為に生きる」という精神に根差した「心情文化世界」、この三つの要素、すなわち、真理の力、神霊の力、愛の力によって統一運動が今日まで発展してきました。

先輩たちが開拓期において流された血と汗と涙の苦労を、私たち後輩たちは決して忘れてはなりません。開拓期は何の基盤もない、文字どおり乞食同然のような立場からの出発であったに相違ありません。廃品回収の活動をはじめ、日本統一教会の先輩たちが苦労されたことを、私たちはよく聞いています。

そのような先輩たちの苦労の土台の上に、今日、私たち後輩たちの永遠の命が生かされる土台が築かれたのです。今後、私たちを通して後輩たちや子孫たちが、内的、心情的な伝統と開拓期の苦労の伝統を受け継いで、さらなる発展を遂げていかなければなりません。過去の基盤なくして現在はあり得ず、現在の基盤なくして未来もあり得ないのです。したがって、先輩たちから後輩たちへの時間の連結の中に、統一教会がこのような発展を遂げてきたことを思うと、改めて先輩たちの苦労を偲び、その苦労に感謝し、その伝統を受け継いで、一層発展させることが、私たち後輩である現在の教会員の使命と責任であると自覚するものであります。

このたび、このような素晴らしい、人類の復帰摂理史に永遠に残しておかなければならない、統一教会の初期の先輩方の証言の本が出版されたことに対して、心からの感謝と感動を禁じ得ないものです。

発刊に際してご尽力いただいた光言社、ならびに歴史編纂委員会の関係者の皆様に対して心から感謝申し上げます。

二〇〇八年七月

世界基督教統一神霊協会　会長　徳野英治

日本統一教会 先駆者たちの証言①

目次

本書は、機関誌『ファミリー』（光言社発行）と『史報』（日本語版・歴史編纂委員会発行）に掲載された証しを再構成したものです。

崔奉春《チェポンチュン》宣教師
（西川勝《まさる》先生）

一九二五年陰暦四月七日　韓国・釜山《プサン》で誕生
一九五六年四月十日　入教
一九五八年七月　日本宣教に出発
一九六一年五月十五日　三十六双

日本伝道日記（抄）

一九五八年（昭和三十三年）

五月二十七日

私は日本伝道を決意して大先生に申し上げ、お許しを受けて釜山教会の二階で二、三の御言《みことば》を賜わった。先生が「この教会に来て、何の疑いもなかったのか」とお尋ねになった時、私は「別にありませんでした」と答え、先生は「何事も最後まで信じて耐え忍べ」とおっしゃった。

私はその御言を深く心に留めて、先生がソウル教会の劉孝元《ユヒョウウォン》先生宛《あて》に書かれたお手紙をもって、ソウル行きとなった。私は出発を前にして、四日間の断食を決行した。主様は大邱《テグー》に行かれ、私はソウルに行くので同じ汽車に乗った。汽車が大邱に到着してお別れし、二十九日に大田《テジォン》教会で先生にお逢《あ》いする約束をした。

私が日本に伝道に行くことを打ち明けたのは、教会では劉先生だけである。中傷の多い社会であるので、サタンの耳に入って邪魔があってはと思って細心の注意をした。人間的な考えとしては、私が日本に伝道に行く事を公表して、皆に知ってもらって送ってもらいたいような気分である。

夜、宋道彬《ソンドビン》兄の所に留まり日本伝道の事を話して、すでに船の準備もできているので、今月末に釜山に行くことを告げ、来月早々出発すると告げた。

話を一年前に、私がこの原理を聞く前に戻せば、去年四月頃《ごろ》、私が初めてこの原理を聞いて驚き、感銘して早速心に浮かび上がった思いは、この御言を日本に伝えたいということであった。私の思いは走馬燈の如《ごと》く走り、早速、劉先生に「私はこの御言を日本に伝えたいと思います」と告げ、劉先生から「貴方にはその使命があります」と言われて、より思いを固くした。それから常に準備をして、すぐに出発しようとしたが未《いま》だ時が到らず今日に及んだのである。

五月二十八日

私は一人、劉先生に呼ばれて二階の池承道《チスンド》さんの部屋に導かれた。劉先生は、私が主様からもってきた手紙の内容を明かして、私の信仰問題をテストした。劉先生が「一つの問題をかけて主様を信じることができるか」と言った時、さすがに私も返事に困った。難しい問題である。

私は答えた。私の答えは私の心から出た答えでない、思いもよらない答えであった。その答えが主様を絶対信じる答えであったので劉先生も喜び、私に秘密の全てを明かして、「これで主様を全く信じることのできる真の弟子だ」と言って「主様に早くお逢いして報告申し上げなさい」と喜ばれた。私も知らない間に、難問題にパスしたので嬉《うれ》しかった。

夜、鄭《チョン》長老にも話して励ましてもらい、宋道彬兄の家に行き最後の夜を過ごし、私は三位基台の編成を宋道彬兄と田耕善《チョンギョンソン》兄と結ぶことを約束して、大田で主様にお逢いする約束があったので、二十九日朝、ソウル駅で鄭長老、宋基柱《ソンギチュ》氏、光栄《クアンヨン》さんに送られて出発した。淋しい別れである。

五月二十九日

大田には予定より遅れて到着した。主様が教会の者を遣して、私に待つように言われたが帰ったので、私は崔昌林《チェチャンイム》兄と基錫《キソク》兄の三人で主様を訪ねて甲寺《カプサ》に行った。甲寺に着いたのは夜遅くであった。山中静かな所で奇麗な別荘である。表に出て弟子達と共に夕涼みしていらっしゃる主様とお逢いして、劉先生が主様宛に書いた手紙をお渡しした。早速、月の明りで手紙をお読みになり、私は嬉しかった。何故なら、必ずお喜びに

真のお父様と崔奉春宣教師（韓国忠清南道の鶏龍山にある甲寺の裏山で、1958年5月30日）

なるに違いないと思ったからである。

夕涼みを終えて別荘に帰り、ソウルの食口《シック》の光栄さんの贈物を開けて食べた。今夜が主様との最後の夜かと思うと、お傍《そば》で眠りたかった。主様も何も言われず、私も黙ってみんなの前で平静を装った。

五月三十日

朝起きると主様がいらっしゃらない。私は早くお逢いして、朝の列車で出発しなければならないと思い、主様を訪ねて山に入った。主様がいらっしゃった。二人きりで、あまり話し合わなかった。最後にお祈りして下さった。共に部屋に帰り、朝食を済ませて、私は崔昌林兄にお願いして最後の写真を撮り、別れを告げた。

暖かい良い天気であった。草木は青々として、私は一人、喜び勇む心で道を下りだした。歩いては後を振り返り、主様と別れを惜しみ、また喜びと希望と決意で去った。急いで汽車に乗るつもりだったが、バスがパンクして時間が遅れたが、最後の一秒で動きつつある汽車に間に合って、出発の危機一髪は信仰によって打ち勝った。

夕方釜山に着いたが、私は日本に伝道に行く事を秘密にして、誰にも知られたくなかったので釜山教会にも行かず、家にも帰らず、友達の楽喜《ナクヒ》氏の家に泊まった。

六月一日
ソウルに発《た》つ前に出航を約束した金錫根《キムソクグン》船長と一日に太白《テエペク》喫茶店で逢う約束であったので、私は彼と会って、日本出航について討議をして別れた。
出航の手筈《てはず》が全て整っている予定であったが、彼は何も準備していない。外面、真面目な人であったので、私は心を落着けて他に頼まず、彼と共に日本に行く事を決めて話を進めお金も渡したが、後で彼の約束が嘘《うそ》であることが判り、悩んだ。しかし、計画を変更することでお金も損するし、また日程も遅れるので辛抱して彼に従った。明日、明日と出航が延びて遅れるので私はたまらなかった。

ソウルからは電報があり、「上京せよ、中止せよ」との命令である。ああ私は死にたい。あれほど誓って決心して出発したのに、今更、私はどうして帰京できるか。それより死んだ方がましな気持ちである。私は手紙と電報を打って、もう二、三日お待ち下さいと出航を早めた。

命令は主様からであり、私がいかなる者なれば、この命令を守らないでおられようか。しかし、といって一度決心して出た私は帰れない。私は自分でも判断のつかない岐路に立たされた。しかし、私は一度自分の誓ったことをいかなる立場においても全うする決心をした。たとえ死んでも、誓いを果たすため、日本民族、世界民族の救いのためであると信じて決断した。

船が出航するといってから、四十日以上が過ぎてしまった。私は焦りのために、心も体も削られるような日々である。出航もできず韓国にいて、何故帰京しないのかという命令に心が刺され、辛《つら》い日々であった。船が来るというので、小さい島で徹夜して待ってみた。外面は貿易船で、船員手帳で正式の形をとるが、実際は密航船である。厳重な官憲の目を逃れて乗船の準備をしたが、できなかった。

七月十五日

船が来た。食料を買い込んで、夜、遂に出航した。外の乗客との待ち合わせがあるので、十六日、一旦停泊して、夜再び待ち合わせて、夜中一時頃出航した。ようやく望みがかなって、日本に向けて出航である。厳重な官憲の目を通り抜けてここまで来たが、李《イー》ライン（当時の李承晩《イースンマン》大統領が定めた軍事境界線）を越すまで、まだ問題である。

勿論《もちろん》私は絶対なる信仰があるので大丈夫とは思うが、人間としての知恵の責任分担があるし、また周囲の者が非協力的であるので、天は如何《いか》に摂理なさるか。ここまで来て官憲に捕らわれれば、全ては水泡に帰するのである。私は船長に聞いた。李ライン突破まで、あと何時間かかるか。五時間位とのことで、その五時間を一日千秋の思いで待って、東の方が明るくなりだした頃、無事李ラインを突破した。今度は、再び日本の官憲の領域に入ったのである。一難去ってまた一難である。

七月十七日

待ちに待った日本の対馬が大きく眼前に開けている。とにかく一つの思いは去った。それは韓国を出て日本に来たので、天に対する弁解が立つようになったのである。

昨夜は、誰が誰だか判らなかったが、朝になってみれば多勢の人で女も子供もいた。これでは日本にも貿易船として認められないことは確かであり、また心配である。船が対馬に近づくに従って危険率が高くなってきたので、皆、船中に隠れた。船は無事、対馬を越えて日本本土を目指して走った。

昼頃より本土が見えて、夜、船は待望の小倉港に午後九時、無事入港した。私はすぐ上陸したかったが、お金で船の貨物を買い入れたので、その解決ができない以上、私は船を去ることができなかった。神からの尊いお金をサタンに取られたくなかったからである。

七月十八日

上陸が許されず、午後四時頃、岩国に向かって船は出港した。小倉で上陸が許されなかったので、私は一人でひそかに陸の上に足を着けて心の内で、主よ、日本の土に足を着けましたと祈った。喜びがあふれたが、しかしこれからが問題である。

七月二十一日

午前十一頃、呉行き出航、午後一時ごろ広島に到着。午後二時出航、呉行き発、三時半頃、呉海上で保安警備船に連行される。

七月二十三日

任意出頭して午後七時、正式に身柄を拘束され、海上保安部留置所に拘置される。私は取り調べを受ける。福間係長は私を脅迫した。暴力行為に出たが、私が全日本国民のために十字架を背負わなければならないという蕩減《とうげん》条件を思い、堪え忍び愛さなければならない義務感に打たれた。憎らしい気はしたが愛するように努めた。

私は神の子として強く闘う事を望んだが、弱いふりをして同情を得ようとしたが失敗した。法の前には同情はなかった。

七月二十五日

午前十時頃、検察庁に送られた。私は釈放されるものと思ったが、とうとう送検になり、検察庁の簡単な取り調べがあった。午後四時頃、吉浦拘置所に移送されて被疑者らしくなった。厳重な身体検査を受けて、二舎の二房、そして囚人番号六十番、また私は私の名を権順南《クォンスンナム》とした。八畳位の部屋である。先輩が二人いた。一人は殺人犯であり、他は窃盗犯であったが、二人とも案外、人間的には悪くなさそうである。

狭い保安庁の留置場からやって来たので、自由の身になれた気がした。話し相手もできた。しかし、少し楽になったのが問題ではなく、重大な伝道使命、日本復帰の使命を思うとたまらない。ただ運に任せて苦杯を飲むだけだ、と。しかし、これも私の知恵の足りない罪の蕩滅の結果ではないだろうかと思って申し訳なくたまらない。

七月二十九日

検事の取り調べが始まった。指紋照会によって私の本名が分かったので、もう正直に私の過去を話すべきだと思って、自分の本名を明らかにして彼の情状酌量を求めた。そして、一応は彼にも宣べ伝えるべきだと思って終末論を少し話したが、聴かなかった。

拘留満期には必ず釈放されるものと思っていたが、私と船長、事務長、他の船員二人は起訴となり、他は釈放された。一番この世的にも、神の側からも、釈放されるべき私が許されず、サタンどもが許されたとは。しかし、私はあえて苦杯を飲まなければならないことを決心して、次の公判に備えた。

私はこの拘置所にジャンパーとズボン一枚で入った。来る時はお金をもっていたが、私の金で船の者たちが海草を買い、それを売って彼等が適当に分けてしまった。私は一文なしだ。尊い神のお金、天の公金であるが、神の子の私には一文もなく、サタンどもによって分けられ、彼等はいろいろなものを買ったが私は何も買えず、また私が来る時の手荷物、原理の本、全ては船の者達が盗み去った。神の子は着のみ着のままである。

同じ部屋にいるサタンの子達は親兄弟、親戚からの差入れがあり、それは食物・着物・小遣い金・日用品一切である。神の子には何もない。ゼロの立場より再出発である。同房の松田氏が時々私に食べるように勧めた時、私は後日、必ず大きく報いるであろうと心の中で思った。本当に神の子は惨めだ。何もない。手拭いも破れた。歯ブラシもない。

私は吉浦に来て以来、父上・主の前に一日三度のお祈りを定期的にした。朝起きる前と就寝前と夜中である。房内で聖書と英語の勉強をした。日曜には朝食を食べず主様の心情を思い、ソウルの方を向いて、朝の礼拝の時間に合わせて静かに聖歌を歌うと共にお祈りをして、私一人で心から礼拝の時を持った。

八月三十一日

私が拘置されて丁度四十日である。この四十日を中心にしてサタンを分別し、来たる九月四日の公判に備えようとして四日間の断食を決心した。此《こ》の四十日でもってサタンを分別して自由の身になれるような気がする。監房生活での断食は易しいことのように見えたが、やってみると困難であった。何故なら、監房では食事の時が何より楽しみなのに、眼前のむしゃぶりつくような食欲を抑えるのも簡単ではなかった。無事に終えて不変の心で過ごしたことを感謝し、父の心情を慰めた。

九月四日

四日間の精誠の断食をして、心を新たにして堂々たる風で公判に出た。もう神の子としての威風を失いたくない。第一回の公判が午前十時より始まり、簡単に各被告に対して質問があり、次回は十八日に開かれることになった。裁判長は一見、好人物のように見えた。

九月七日

父の子としての権威を保って、絶対に弱音を吐かない。弱い態度も見せない。いかなる位置、環境にあっても主様の路程を思い出して、私もその如《ごと》く歩むことを心に決めた。その日の夢に、主様が五十年ぶりに私の母の家にお帰りになり、玄関にそのみ声を聞いた時、私は涙で迎え、主様の胸に抱かれて喜びと不安の心で奉った。
この五十年間、主様に私が捨てられても不変不屈の思いであったのをみて主様は喜んだ。この夢の如く、私の心が主様にあって永久不変であるようにとの夢であった。私は起きて静かに祈った。

九月十八日
午前中、証人福間係長の話があり、午後、各被告に対して検事の求刑があり、私は六ヶ月を求刑された。

九月二十九日
判決の予定だったが、裁判所の都合によりと云って十月六日に延期される。

十月六日
再び、来たる九日に延期される。

十月九日

私は無罪になる自信がある。神の側から見ても、法の側から見ても。しかし、不安な気持ちは隠すことができない。監房を出る時、別れの挨拶《あいさつ》をして出る。無罪釈放だと一行の五名の者も皆、このように思っているが、万一実刑を言い渡されると大変なことになると、家族、子供のある船長が悩み出す。私は、このサタンめ、家の事が大事か。私がこうしているのも、彼が不充分だからだと思うと憎んでも憎みきれない。

刑を言い渡される時が来た。最悪の場合でも執行猶予になると信じていた。しかし、思いは裏切られて全員に懲役六ヶ月の実刑が言い渡され、未決通算五十日が加算されることになった。その瞬間、第二の苦杯を飲むことを覚悟して、その日の午後、上訴権を放棄して就役することに決定した。

十月十二日

受刑が確定されて、二階の三十三房に八十四番として入った。受刑者としての初日である。

十月十三日

長年伸ばして来た頭髪を刈る。鏡の前で自分の髪の毛がバリカンで刈られていく時、外見が囚人らしくなった。そして私の髪を刈っている青服の囚人が今までは他人のように見えていたが、今は本当に我も君も同じで、頭まで丸坊主になると本当に囚人らしく思え、この時、隠すことのできない淋しさが込み上げてきた。

十月十四日

午前十時頃、私達は広島刑務所に移送される為《ため》にトラックに乗せられ、約五十分後、広島の吉島刑務所に来た。大きな刑務所である。壁は厚く高い。我等が近づくと大きな刑務所の正門の鉄扉が、待っていましたとばかり開く。無気味な感じである。本当に生き地獄に来たようである。車から降りて奥へ奥へと入った。先輩達が行ったり来たりする。ここで私は今迄《まで》の私服を全部脱がされ、初めて青い服に着替えてみると涙の出るような思いである。丸坊主頭に、ぼろぼろの懲役服にゴム草履だ。

天の使命を負って、神の子として日本民族を愛せばこそ、救おうと日本にも天国を建設しに来たのに、汝《なんじ》らは我の誰なるかを知らずしてこのようになすのかと、心に彼等の無知がたまらない。神の子がこのようにサタンの罪の世界に共に入れられて、サタンの子扱いされる悲しみが新たに湧《わ》いて来る。如何なる立場に於《お》いても神の子としての威信を失いたくないので、より心を引きしめた。外のサタンの子達はペコペコ頭を下げたが、私は頭を下げず、神の子の立場を取った。

十月二十四日

教育課長に面接を頼んでおいたので、面談する事になった。私は早速原理を語った。彼は良く聴いてくれた。約三十分間、一気に語った。時間がないので又約束して別れた。初めて原理を聴いてくれたので嬉しかった。静かに、父よ、実を結ばせ給《たま》えと祈った。

十月二十六日

今日はＹＭＣＡ（キリスト教青年会）の幹部の人が来て話をしたが、中共の視察団としての実話なのか、余り過ぎると云う事柄が多かった。何かの為になる話などなく、ただ雑談のようであり、無意味な時間を過ごした。広島に来て以来、全てを忘れて唯、満期の一日が早く来る事を待ち望んで、規則正しく生活した。

お祈りは三度、夜中に必ず起きてお祈りした。看守達が私の祈りを理解せずして「おい、おい」と声を掛けられた事が度々である。別に外的に苦しい事がないので、天の父に申し訳ない思いだけである。私の祈りはもっと苦しみを与え給えと祈って、父の六千年の心情と主様の路程と義人、殉教者の道をより実感してみたい。

十月二十九日

知能テスト、又分類等があったので、仕事も専門に応じて分けられるようであり、私達一行五人のうちで三人は移送。身体検査などを行って、近いうちに山口刑務所に移送されるようになった。今日は特別に、小さいキャラメルの配給があった。砂漠を行く旅人がオアシスを見付けたような喜びである。甘い物を味わっていない者は、溶かすようにして食べた。吉島の祭りであるとの事だ。

十月三十日

拘留生活をして以来、今頃になって体の調子がとてもよい。太ってきたようである。他者は、腫《は》れたと言うが、そうではない。確かに太った。以前の主様の苦難路程を思い出し、私も太ったのだと思うと恥ずかしい。苦労してやせれば、せめて天に対して償いの出来る立場なのに、肥《ふと》るとは心が刺されるような思いだ。そして、食欲が出て食べたくてたまらず、いやしい思いだ。

ここ広島刑務所は累犯刑務所なので、私達初犯者は山口に移送されるとの事で、私も近いうちに移送されるとの事である。その間、広島に馴れたので移りたくない。また、山口刑務所から来た者の話によると、山口刑務所は監房が寒いし、食事も少ないし、規則も厳格であるというので少し嫌な気がし、苦杯を進んで飲もうと決心した自らに恥じた。

十一月一日

まだ過ぎない、まだ過ぎないと思った十月も過ぎて、今日まで二十二日間を勤めた事になり、十一月に入って新しい月が来たので希望が湧いて来る。出所が近づくような気がして、父よ、主よ、おめでとうと、我知らず心で叫ぶ。夜、静かに寝間で考える事は、韓国の兄弟の事である。勿論、天的兄弟の事である。実は私には苦しみの連続のようなものであった。しかし、共に語り、共に楽しみ、過去は全て楽しい良き思い出である。

今の心境が落ち着き、又楽であるので、もったいなくてたまらない。常に神の子として強く生きるべき事を定め、今日まで戦い、楽より苦を選び、サタンに対する敵愾《てきがい》心を湧かせ、自ら苦難に進むべきと絶えず思う。

十一月三日

昔は日本の明治節であったが、敗戦によって文化の日と変えた。午前中、運動会があった。キャラメル配給が再びあった。刑務所の運動会は外面は楽しそうに見えるかもしれないが、皆内面はそうでもない。午後、部屋に帰ってボタ餅《もち》の配給があり、続いて夕飯になり腹一杯になったので嬉しい。初めてである。私も嬉しい。やはり肉なる私は肉による思いは同じである。

一日も早く「天の父の全きが如く私も全きたる者となってみたい」、この世的凡欲を断ってみたい。夜、私は安氏に原理の一部を話したが聴かない。唯物思想に固まった北鮮的な青年である。何だか私が恥ずかしい思いになって、父の御言の権威が傷つけられるかと心配で止めた。可愛想な反逆者め、と心は怒る。

十一月七日

常の如く朝六時半起床、十一時半昼食で、午後四時半に作業中止で、六時半に就寝である。今日、その間待ちに待った韓国の兄弟からの手紙が来た。担当が言うには、韓国文であるので翻訳しなければ渡せないので、当分の間留置するとの事である。他国に来て唯一人の面会のないこの日に、手紙が何より懐かしい。三枚だという。一枚は金成一《キムソンイル》氏、宋道彬氏、辺《ピョン》氏の三枚との事である。早く山口に移送になってでも読んでみたい思いでいっぱいである。

書信も月一枚と制限されているので、金成一氏にここでの生活の一部を書き、心配しないようにと書いた。私は絶えず平穏と神の子の権威のうちに希望と忠節に生きる。今迄、拘置生活以来、周囲の者から絶えず尊敬を受けてきたので、父と主様に対して何よりも面目が立った。

十一月十一日

韓国の手紙が来ても韓国文だったという理由で留め置きされたので、日本語で送ってもらうために定期特別配信願いを出したところ、今日、許可になった。そこで早速、金成一氏宛に手紙を書いたが、辺先生にも一緒に書いて送った。ソウルの宋兄には臨時発信で出すために今回は書かなかった。この手紙が母国について返事の来るのはいつごろでしょうか。

十一月十三日

我等五名が去る十月九日に六ヶ月の判決を受けて十四日の日にここ広島刑務所に来たが、私は初犯者というので山口に移送される事になった。長い間変化がなかったので、私は広島に残るものと思っていたが、やはり移送が決定して私と船長が送られる事になった。

今迄はこれという辛い事もなく寒くもなく苦労がなかったので、懲役という事を感じなかった。しかし山口刑務所に送られるとなると、今度は本当に刑務所に行くような感じである。向こうから来た者の話によれば、とても規律が厳しく、その上に監房が古風式の格子監房であり、冬は寒く房内までも寒いし辛いとの事である。

私は自分の寒がり、また弱い体の事を思って少し心配になったが、これも瞬間であり、自分が神の子であり、主様の弟子である事、重大使命の事を思うと、すべて吹っ飛ぶ。ひげをそり、風呂に入り、私物を検査して出発の用意を整えさせられた。

主様の事を思い浮かべると、いつも奥のオンドルの部屋で話をしている事、また山に登った事、映画に連れて行っていただいた事である。何も言えない、心の底より絶対信頼出来る、自信のある姿が映る。兄弟達の事、また私が教会に入って以来の事や、苦難の路程が思い出される。このように時々自由な夢を見て、起きて自分が不自由の身である事を知り、がっかりする時が多い。

別に辛い懲役生活ではないが、一日一日が辛い。やはり体の問題より心の問題である。今、私がこのような路程を歩んでいるのは蕩減条件として当然の道なのか、または私の知恵の足りなさの為に受ける失敗なのかで心を悩ます。これが日本民族を救う当然の蕩減条件であると、自己弁解の思いが湧く。

十一月十四日

朝六時前に起きる。私達が初めて来た時、青服に着替えた場所に来た。ここは入所する者と出所する者の通らねばならない所、即《すなわ》ち悲喜の交叉点である。私と船長二人は私服に着替え、冷たい鉄の手錠を掛けられ、そして二人はつながれた。自動車に乗せられ広島の次の甲斐駅で降ろされた。丸坊主頭に、手に手錠をはめられ、縄で二人縛られている様子は、一般市民には殺人、強盗、大罪人のように見えるのでしょう。看守や私服刑事が付き添う。

汽車が来た。乗った。一般の客席に座る。みんなが私を見る。冷たく避ける。誰一人、私の誰なるかを知るはずがない。本当にこの時、誰か一人でも私を慰める者がいたら、私は汝を報うであろうと、味方の一人を求めたい。汽車が下りに走りだす。脱走したい。汽車から飛び下りたい。出来るはずもない汽車の窓より外を見る。景色は楽しいが、心は悲しい。

私は自由の身となり上り方向（東京）に行かねばならないのに、今は不自由の身となり、逆に下りの方に行く。道行く人、並ぶ家々を見ると何時かは汝らを救ってみせると決意に燃え、今日はこのようにして不自由な身であるけれど、遠からず自由の身となって上京する日がある事を信じ、待ち遠しく思い、今は全て運命に任せた。昼頃になって汽車は小郡駅で下りて、自動車に乗って再び走り、十二時半頃、山口刑務所に到着した。

十一月十五日

午前から労役に出て荷物運びをした。長い間部屋の内で手先仕事だけしたので、体に力がない。足もふらふらする。長くいると本当に人間が弱るだろうと思う。昼食の時、三等飯をくれたのでたくさんのご飯に喜んだ。

十一月二十日

十七房より五房の雑居房に移る。淋しく冷たい独房より暖かく、又話し相手もいたので少し楽しくもあった。仕事も荷札を作る事に変わり、易しくなった。或《あ》る日は拘置所の階段磨きをした。サタン世界の家を磨いている事が辛く、これが神の宮殿なら、たとえ永遠であっても満足であるけれど、幾日も磨かせられた。

十一月二十五日

いよいよ今日から本職に入る新人達の訓練が行われ、工場に向かって行った。ここは手袋工場である。私達が入ると同時に、私達一行の三人が訓練を終えて出る所である。久し振りに逢って懐かしい。八房に八〇八番で入り、石鹸《せっけん》箱全てが八番である。早速仕事にかかる。ここでは食事も前より多くて十分である。

十一月三十日

久し振りの日曜日。雨なので講堂に集められてフリーテニスの試合を見せられる。日曜日は働かないので一食が下げられる。私は相変わらず日曜の朝食は主を思い断食した。

十二月一日

のろい亀の足に万貫の重りをつけてゆくように、経たない一日一日が新しい日を迎えるごとに歓喜の声を上げたいような気がする。今年最後の月である。今は有史以来、一分一秒を惜しむ時であるのに、貴重な時なのにと思うと、来年出獄までは考えないと思っていても残念でたまらない。

私はいつも主様の苦難記の事を思い出し、一言一句忘れずに記憶して、その如く実行したかった。主が最低の立場に於ても絶えずサタンを屈伏させられた事を思い、私もここ最低のサタン世界に於て屈伏しなかったので、最高の成績を上げた。私の成績が最高に張り出されたので、心の内で「見ろ、どうだ。神の子を」と、どこでもいつでも神の子としての威信を失いたくなかった。

十二月三日

留置所の方から、私に荷が来ているからと言って母印を取りに来た。メリヤスの上下である。田耕善、三位基台の兄弟からである。私が寒く苦労しているだろうと思って、韓国から送ってくれた心に涙が出る。

天の兄弟であるからこそ遠い所から、このように送ってくれると思い出しては涙する。印刷物が来ているのは、多分、主様の説教か又は会報の「成和」であろうと思う。金成一氏から送られて来た。境遇が境遇であるから、より情的に強い。天的兄弟の事を思うと、これが本道でなくして他に道があろうかと、自問自答して喜ぶ。

十二月四日

私と私の隣にいる上野氏を呼びだして、担当が事ありげに話をする。周囲の者の話では、この二人はこの手袋工場に残る前兆だと言った。又、私をして監房長として責任を命じたので、神の子を知るかと……心に思う。この担当は韓国人だからといって偏見的に取り扱わない。

十二月七日

今日は久し振りに映画があるという。私達は講堂に導かれた。心では嬉しいが、又申し訳ないような気がする。聖日、主様は本部で礼拝をなさっている事を思うと、映画の途中で礼拝時間が来た時、私は心を京城（ソウル）に向けてお祈りをして映画を見た。とにかく条件と精誠は立てた。約三時間続いた。日本皇太子の婚約発表からニュース、そして天然色のチャンバラ映画、初めて見るものである。「人肌孔雀」、最後に善が勝つ。父の国の為に戦う事だ。

十二月十一日

昨夜から本格的な冬になったと見えて、水がめに氷が張っている。工場に出て嫌な腹巻きをしたが、九時半頃、仕上部の方に廻《まわ》された。

如何なる立場、環境にあっても天を休ませ、十字架を背負い行く、一心一徹の変わらない、このような絶対的な信仰を持てるのも全く原理のおかげである。本当に一日も早く自由な身になって使命を全うしたいと、汽笛を聞くたびごとに新たに思う。

遠く鳴る汽車の汽笛よ
一人去らず我を連れて行け
格子の彼方に輝く星
師はいまし給う聖恩を偲《しの》び
新しい力湧き出ず

十二月十三日

体の調子がよい。恥ずかしいくらい健康である。この第三工場で先週土曜日に事件が起こったので、今日は寒いが裸の検診を受けた。舎房に帰って手紙を受け取った。田耕善兄からである。嬉しい。天宙復帰の使命によって結ばれた三位基台の兄弟である。私の為にいろいろ心配して、劉孝元先生も心配していらっしゃるとの事である。勿論、主様はそれ以上である。宋道彬兄と共に金を準備して送るとの事である。私の為に心配して下さる事を思うと涙が出る。

十二月十六日

今日から手袋の荷造りの針山の仕事をするようになった。針台の針が手を刺し血が流れ出る。注意してすると仕事が遅れる。負けたくないので血を流しながらやった。力を入れてやるので、今迄の寒さは吹っ飛んだが、疲れが増して来る。二、三日やると疲れて全身が痛む。夜は疲れの為に勉強が出来ないくらいである。しかし、苦労は覚悟の事であるし、サタンに負けたくないので無理にでも勉強した。

十二月二十一日

今日は山口の信愛教会より青年会が来て、二十五日のクリスマスのために今日ここに来て劇を見せるという事である。簡単な劇であった。これを見ていると、何も知らないでいる人類が可哀相である。一日も早く原理を宣べ伝えて、再臨主の御来臨を証《あか》さねばと思い、遠からず成約クリスマスの祝われる事を想像した。

十二月二十三日

今日、不注意で作業中に針山の針に手首を刺した。血が湧き出る。腕がしびれる。キリストが十字架にて手足を釘《くぎ》打たれた苦しみの何億分の一を味わうような気がする。毎日毎日サタンとの戦いである。絶対負けじと戦う。

十二月三十日

刑務所に服役してから、一九五八年の最後の就業日が来た。午前中で作業は終わり、午後大掃除をした。一通り今年の全ての作業は終えた。肉体的には余り辛くなかったが精神的に辛かった。自分の知恵の足りなさで苦役期間を過ごさなければならない事によって、天的使命が遅れた事が、仕方がないで済む事ではない。思えば思う程辛い。

十二月三十一日

今年最後の日が来た。午前中、所長の訓示があり、昼から風呂に入った。監房より風呂までの道を寒い中、裸体で走って行った。変わった格好である。今夜は末日であるので、夜遅くまでラジオが鳴る。年越しそばが出る。いよいよ十二時に近づいて来た。ああ、苦難の一九五八年も終わる。過ぎるのを待ちに待った大晦日《おおみそか》である。

私は起きて服を着て、北西の彼方を望みて百八の除夜の鐘と共にお祈りをした。静かに鐘の音がラジオを通して聞こえて来る。自然に私も頭を下げた。父上よ。主様よ、と一言言っただけで涙が出て来る。サタンに対する敵愾心が燃えて来る。今年よりサタンに対する反撃戦である。新年と共に再出発である。新しい決意に燃える。山口刑務所にて父上の、そして主様の聖恩と使命を偲びつつ一筆した。

お父上
父よ　貴方は六千年
話してもわからぬ此の子を
頼っても裏切られる此の子らを
忍びに忍び待ち焦れ
待ちに待ちたる日のあらん事を

嬉しや父よ　御意《みこころ》通り
父の御意の現れの子が
愛と真で忠と孝を誓い

罪を嘆きて海となし
天宙復帰の使命背に負えり

父の御意を我が心とし
三十幾星霜　涙で過ごし
サタンと共に戦えり

危うい山も谷もあり
父の力と己が力で勝てり

誰でも我を信ぜよと
言うに言われず　焦りとこがれで
今日も暮れ　明日も過ぎ行く
愚なる者に良薬苦く
永久の尊貴栄光　誰にあれ

我は知る　父と子の
御意と使命を
荒野のイスラエル倒れど
過ぎし人物あたわねど
復帰の理想　我のみ成し遂げん

一九五九年（昭和三十四年）

一月一日

新年は開けた。祈りと共に除夜の鐘の内に今夜の夢を期待したが、別に夢示がなかったので、今年も又苦難の十字架の年である事を覚悟した。久し振りの白飯に餅、珍しい折箱も入っていた。珍しいものを食べてご飯は食べられない位であるが、無理にでも食べたくて食べた。腹が膨れた。

皆、思い思いの事をしたが、私は絶えず時間を惜しんで勉強して次の準備をすべきだと、

崔奉春宣教師が刑務所でトイレット・ペーパーに綴った日記（鶴谷稔氏蔵）

英語と歴史の勉強をする。みんなサタンが遊んでいる時、神の子は努力するのだと、元旦より心を新たにして勉強した。今年から反撃だという事を考えて心は焦る。二ヶ月振りに手紙を書いた。書き初めである。

一月十日

仕上部にいた者が担当に呼び出されて、製品の数が違っていると叱《しか》られている。私は威信を維持せんが為に、絶えず注意をこらして、絶えず平然と外面を装った。

一月十一日

今日は日曜日であるが、今月はあまりにも休日が続くので、今日一日は仕事をする事になった。今まで常に日曜日の朝食は断食していたが、今日は仕事場で刑務所規則のため断食が難しいので食べた。

一月十二日

夕方、監房に帰ると故国からの手紙である。三位基台の田兄からである。嬉しい、嬉しい。掃除を済ませて、繰り返し繰り返し読んだ。一言一句、身にしみる。主様の新年度の御言が書かれている。今年は自由に種を播《ま》く時である。今迄は人類が六千年間、己の罪の蕩滅の為、己れの罪の赦《ゆる》しの為に働いて来たが、今年からは御父の為に働けるのである。如何に素晴らしいかである。

一月十六日

午前十時頃、突然私の名を呼んだので何事かと思ったら、三級に昇級との事である。三級章をつけると新人から古参になったようで、少し権威がついたみたいだ。これからは少し神の子も威張れるから愉快だ。月に手紙を二通書けるし、鉛筆を持ってもよい事になった。刑を務めた吉事の一つである。受刑者の喜びの一つである事を知った。

一月二十三日

もとの船の事務長に放免面接があったと、そして私の書類もあったら近い内に二週間で放免されるとの事である。一日でも早く出所したい私は、胸が躍る。しかし翌日も又翌日もないので心配だ。しかし全ては父の御意にある事だと、唯《ただ》感謝して服従するのみだと思えば平安になる。

二月十三日（陰暦一月六日）

主様の御聖誕日である。この日に韓国では主様を奉って断食する事を知っていたので、私もたとえ拘束の身であっても、この日だけは心を同じく断食して私も奉ってみたかったので断食をした。刑務所の中では、一切、断食も勝手な行動は許されない。しかし私は如何なる事があってもする事を決意して、腹が痛いから食べられないと言って朝食を無事過ごした。

しかし担当の疑いの眼が光る。何故なら囚人等が断食したり仮病を装おって休職するからである。昼食が来た。頑張り通した。担当に胃か腹が痛いなら汁だけ飲めと言われたが、それでも頑張り通した。午後になって医師が来て私を診た。彼は私に、「うん、胃が悪い」と言って薬をくれた。私はそっと捨てた。

夕食になった。今日はなんて皮肉な事でしょう。天ぷらという特別なおかずである。サタンの誘惑である。周囲の者が欲しがっている。無事一日の断食を済ませて、韓国の兄弟等と共に、私は刑務所ではあるけれど心と断食の行動を共にして、天の父上に主様に誓いを立てた。神の子が断食する、怨《うら》みのサタンの為だ。より一層サタンが憎い。釈放の日も近づいて来たので、長髪願いを出して頭髪も少しずつ伸びて来て、希望が加わって来る。今日この日の記憶は世界一であろう。このように天宙復帰の使命をもち刑務所で主の御聖誕を祝うとは。

二月（出所前）

一月に、正月一日韓国宛に出した手紙の返事を今日か今日かと待つうちに、八日頃、田兄から手紙が来たが、その後何の返事もないので心配でたまらない。たとえ私の手紙が未到着でも返事が来るべきであるのに、夕方いつもの如く舎房に帰って、今日か今日かと待ち焦れた。二月六日頃になって私に手紙が配られたので、胸を躍らせて読んだ。兄弟愛に溢《あふ》れる一字一字が胸にしみる。目頭が熱くなる。私が苦労しているというので心的により苦しんでくれている。かえって、苦労しているという私が楽で申し訳のないような気がする。

又、私の出所の為に遠い祖国より洋服まで送ったとの事である。ああ、肉の親、兄弟以上だ。今さら主の御言の偉大さに驚く。このような真の愛が出るのも原理を通してである。読んでは又読み、感謝にあふれる。如何なる事があろうと三位兄弟の名誉に懸けても己が使命を果たすべきだと、固い固い決意が湧き出す。

それから三日後の夕方、舎房に帰って郵便配達の時間に「崔君に手紙」と言う囚友の言葉に、疑いながら見ると白い封筒なので疑う。何故なら韓国からの封筒は白封筒がないからである。ところが字のくせを見たが、忘れもしない宋という字を見て、ああとうとう宋道彬兄からの手紙かと目が開く。道彬兄は日本語がへたであるのに、どうして書いたのかと疑いつつ読むが、代筆でなく宋兄の気持ちが文の上にありありと出ている。続けてもう一回読む。感慨無量である。

私に手紙を書く為に、如何に日本語の勉強をしたか。静かに眼を閉じると、私が教会に来て間もなく、二人で、中央劇場で「憤怒の河」という映画を見た事が思い出された。そしてあの時、宋兄が「後日、奉春が日本国民に生命の食糧をもって行く象徴的映画だよ」と言った事が思い出され、彼の幻が浮かび上がる。

二月十七日

朝五時頃より眼を覚まして夜の明けるのを待つと同時に、最後の日だという思いが嬉しさに変わり、胸を詰める。通常だったら朝のサイレンが仇《かたき》のように聞こえて来るが、今朝は待ち遠しい。その内にも夜は白み、あの憎らしかったサイレンも心より鳴り響く。朝、最後の検身を受ける。嫌でたまらなかった、神の子をなんというか……しかしこれも苦難期間と忍んで来たが、これで終わりである。廊下を通り工場までの踏み台を踏んで工場に出る。この道も最後だと思うと変わった気分になり、うんと味わいたい。この一日を待ったのだ。朝食を食べて仕事にかかったが、勿論する気にならない。

しかし最後を飾るべく仕事をしながら、ただ保安課の方で私を連れに来る事のみを待つ。仕上部及び工場の皆が、いよいよ来たね、と羨《うらや》ましそうに言ってくれる。私はただ隔離される事のみが念頭にある。

私が初めてここに来た時、独房に入れられたので、昔が偲ばれる。復帰路程である同じ道を通って元に帰る。静かに目を閉じて祈り、夕食を食べ、七時就寝である。布団の中に入って、出所後の事、又如何に己の使命を完遂するかと次々に考える。一方、時間が待ち遠しいので、無理にでも十時に祈り、眠りに入った。父よ、最後の夜を明かしますと祈る。

二月十八日

夜中の祈りの為に眼を覚ましてお祈りした。そして夜の明けるのを待った。相変わらず思いは未来に走り、如何にして主様、又三位基台の兄弟に面目を立てるか、考えては又考える。その内に明るくなり、希望の出所を告げるサイレンの音、快く高鳴る。わくわくする気持で最後の朝食を食べた。

後は、保安課より連れに来る事のみを待つばかりである。普通、朝食後すぐ来ると言うので待ったが遅い。雑役が、入管関係は少し遅れると言ったので仕方ない。暫《しばら》くして九時半頃、教育課の方で牧師面接だと言って私を連れに来た。出所の際、来て下さると約束した林《イム》牧師である。彼は忙しかったので、私の仮放免の事をお互いに少し話し合って別れた。

独房に帰り、暫くすると今度は本当に保安課より、満期釈放と言って来た。

三人、高鳴る思いで一歩一歩と歩いた。私の喜びは誰よりも大きい。庶務課長に釈放の言い渡しを受けて、留置の部屋で、ああ、四ヶ月十日前に着せられた怨みの青い服を脱ぎ、故国より送られた田君の背広に着替えた。この日この時が現実に実現した。胸が躍る気分で、白いワイシャツを着る。腕に宋君のくれた時計をはめて、全く新しい社会人と化した。喜色満面、意気揚々、私は思わず、お父上、主様、兄弟よ、見てくれ、と心で叫ぶ。

二月十九日

満期釈放。サタンの子らには自由になる日であったが、神の子には未だ時至らぬ故に第二の苦役期間であった。山口刑務所を出る時、私の路程はちょうどラバンのサタン世界で苦役するヤコブのようであるので、何か復帰したいと思って出所の際、同監房にいる上野勝氏という囚友が来たので、私は第一次苦難を信仰によって勝利した者として、「勝」という名前にした。

天的条件に勝利したヤコブが、天使よりイスラエルという名をもらったようにである。十八日に釈放はされたものの、私の前には第二次苦役路程として再び収容生活なる不自由の身となった。私の悲しみより天の悲しみはと思う。しかし、時の来るまで仕方ない。

二月二十二日

第二苦役が始まって初の主日である。昨夜早く寝たので朝五時頃目が覚めたが、うつらうつらしているうちに七時頃起床した。今日は主日であるので緊張した気分になる。食事後、暫くして説教集を出して読み始め、「三位基台の意義と父に喜ばれる人」という説教を読んだ。

久し振りに読む主様の御言に力が湧いて来る。本当に父の御旨を我が心として忠臣になろうという固い決心が起こる。読み終わると聖歌を歌いたくなったので、覚えている新しい成約聖歌を歌った。ああ、数ヶ月振りに感慨無量な気持ちで腹底に力を入れて歌った。目頭が熱くなる。終わって、静かに西方を望み、お祈りをした。

京城（ソウル）の教会に於ける主日の礼拝の事が思い出される。一層強い気持ちになり、父と主様に忠節を誓った。夜になってジャービス兄に手紙を書いた。私がここに来てもう五日目になる。出来るだけ日本の知人に連絡を取って放免の願いを叶《かな》え、自由の身になりたい。今は書信を出すのが最高の手段である。昨日は林牧師に紹介された岡田牧師に手紙を書いた。

二月二十四日

朝食後、便所の掃除をした。神の子としての光である。これから当分、自分で毎朝する事を決めた。昨夜、林牧師に書いた長文の手紙を読み直して出す。昼過ぎ、長文であり宗教的用語が多いので分からないといって、係官が持って来たので、簡単に説明してやった。今日何か良い連絡通信はないかと待ったが、何の消息もない。山口刑務所より辺氏の手紙が回送された。

内容を見ると、消息がなくて大変心配したとの事である。私の失敗で主様に御心配をおかけした事を心痛く思う。如何に私からの吉報をお待ちし給うた事かと思うと、今更残念である。人にも頼ってみたいと思い、北海道に再度手紙を出す。早く寝る習慣がついているので夜眠いが頑張る。天の心情と天運の動きに呼応する気持ちで出来るだけ時間を有効にと思う。

二月二十八日

二月の末である。ここ暫くの間、何の変化もない楽な生活をする。何と申し訳のない事であろう。この頃になって心身共に落ち着いて来たので、主様の説教集の御言が一言一句心を打つ。一句一句読むごとに天の父の焦れる思い、忍び給う心、不屈の努力が心にしみ、此の御意を代表したイエス様の心情と御苦労がまざまざと分かる。今迄に味わえなかった勇気が心身に流れる。如何に御苦労の事。崔奉春、この身を捧げて父と子の為、全人類、霊人達の為に戦い、勝ち抜くのだと固い決意が湧く。

三月五日

拘束の身が天の心と主様の心を泣かせる。如何なる方法、手段を講じても早く自由の身になって戦い、天父の無念を晴らす事だ。私は最後の手段として断食して病気になり、仮放免をしてもらう他に方法のない事を決心して、今朝から始める事にして、露骨な態度はかえって不成功になりやすいので、慎重にする事にした。病気だと言って朝食を減食した。

船長が、崔さんは病気だ、と言って係長より体温計を持って来て熱を計った。三七度、微熱だという。昼から医者の往診も頼んで私は床に入った。午後になって医者が来て診察した。私は心臓と胸が悪いと言って診察を受けた。診察を始めた。熱を計り始めたので、私は心の内で祈った。父よ、何とぞ悪い結果が出て病気という診断が下され、自由の身になれますように。

三月六日

朝から医者の診察を頼んだ。断食、水も飲まないので体が早く衰弱していく。私の願いは悪化する事である。昼から医者が来て血圧を計る等で再診した結果、医者も心配して事務所の方に宜《よろ》しく言いますと言って、私の入院する必要を言う。船長は医者といろいろな事を話し合った。私の入院の事を言った。又、私が突然卒倒する事もあるので、便所へ行く時、一緒に行くようにとの事である。

午後四時迄には入院するという事で待っていたが何の返事もない。私は入院と言った時は、「よし」と思ったが、遅れるので心配になった。四時頃になって、私に再び厚生病院に行こうと言うので行った。やはり彼等も慎重である。厚生病院の診察を受けた。私は心に祈った、父上、自由の身にして下さい、と。やはり彼等も私を心臓病だと診断したので、私はもう安心した。私は嬉し涙が出る。

三月七日

朝が明けた。希望に満たされる。昨夜よりいろいろと未来を連想しながら、自由になる日が来たのだ。しかし、今日は土曜日であるので、午前中迄に私の身柄引き受け人が来なければ月曜日まで延びると言うので、心は焦り出した。

さあ、入院と言って来た。嬉しくて嬉しくてたまらない。しかし最後の一秒まで気を許さず用心した。保釈金一万円を積んで残金一万七千円をもらい、各課長に注意事項を述べられ、保釈証をもらって外で待っている自動車に乗って出発した。

希望の時、喜びの充満です。自動車は駅前を通って約五分して木下病院という所に着いた。私を残して係員は帰った。私は一人自由に残された。早速再診察が行われた。心臓は大丈夫との事である。胸の方も診たが大丈夫との事である。何だか医者は冷淡である。そして医者は私に「貴方は何しに来たのか」と露骨に聞く。「ここにどの位いたいのか」と聞く。私も彼が露骨に来たので、私も露骨に「日本の文化視察に来たのだ」と言って「約三、四ヶ月いたい」と適当に答えた。

彼も私に同情して、宜しい面倒をみましょう、と言って入院静養するようにと言った。看護婦に連れられて二階の病室に入った。七号室である。一人静かになったので、早速父上と主様に喜びに満ちて自由の身になった事を御報告した。ハレルヤ！

一分一秒たりとも早く韓国に知らせたいので、早速手紙を同じ患者の島田さんに郵便局まで案内してもらって手紙を出し、又早速電報を打った。「私は自由の身に釈放された」と。帰りに喫茶店に入ってテレビを見ていると社会の味がする。部屋に帰り、私は彼に原理の一部を早速話したが、余り知識がないので深く理解し難いらしい。

今日は全て最上の喜びに満たされた日である。父よ、主よ、有難う。しかし有難い時ばかり感謝するのでなく、苦難の時も感謝するのだと自重する。未来の伝道の事、東京上京の事で胸が一杯だ。十二時就寝。

三月十一日

昨日、大判のレントゲンを撮った結果、左右の肺がおかしいというので、今日は断層写真を撮るように言われたので、入江町の木下病院に行ってレントゲンを撮る。ああ、なんと両肺に空洞があるので六ヶ月の療養を言い渡された。私は、これも神が私を合法的にここにおいて下さる神の奇事として感謝し、私は入院しますと言って療養所に行く事を密かに決め、いろいろと考えを巡らした。

三月十六日

私は療養所に入る事を院長に約束したので、朝から準備した。院長も入管の方に電話を掛ける。三ヶ月の猶予をもらったらしい。私も診断書を送った。その間の入院費を何とか払って、十一時、皆に挨拶をして自動車で光風園に来る。山の内にある静かな所にある療養所である。自動車の運転手にも神の国の事を宣べ伝えた。彼も本当に喜んだ。到着して早速私の部屋に案内された。

私は重患でないので上手の方に上って行った。長屋の如くに建てられた病棟の内の一部屋を与えられた。寒かったが毛布の中で震えていると、四時頃、新しい布団を持って来てくれて気分を取り返した。

夕方五時頃になって、隣の部屋にいる上野という日本人が自ら挨拶に来て、飯を食べてくださいと頼んで来た。私はすぐ彼と親しくなって、彼の部屋に入り私は韓国人だと言って韓国から来た事を話し、原理を述べた。嗚呼《ああ》、彼は百パーセント受け入れ、喜び共鳴する。私も嬉しくてたまらない。

異国に来て初めて成果を得られたような気持ちで、胸が一杯である。又明日話し合う事を約束して別れる。静かに天の父に食口にして下さる事を祈る。私がここに来たのは体の健康の為に来たのではあるけれど、重大なる使命の為に来ているので、一日も休む事が出来ない。しかし、事を急いで損する事があるので慎重に構えた。私はこの期間に原理の日本語訳を思い決意し、早速始めた。

私が韓国を出発する時、全部日本語で訳して持っていたが、その間の事件の時、カバンを広島の呉で持って行かれた時に失ってしまった。昔から私は字を書く事が大嫌いであるので、決心を固めて創造原理からノートに訳した。

肺が悪いというので余り無理しない程度にやった。なかなかはかどらない。しかし、やり遂げなければならない私の責任である。この療養所に来て落ち着いた生活をしたので、私の体重は増して、全く健康体となった。しかし考えは日本伝道で一杯である。

しかし、困った事には、お金が尽きてしまって、病院の費用も払えなければ汽車賃もない。日々の生活に困って来た。私があまり困ると、日本に於ける治療を認められなくなって送還される恐れがあるので心配である。

三月も過ぎて四月に入った。お金があったら一日でも早く飛んで上京したい。東京までの旅費だけあっても上京の決心がつく。一日遅れる事によって天的にも、又金銭的にも食口達にお世話にならなければならなくなると、いずれにせよ、一日も早く目的地に行きサタンとの闘いを始めるべきだ。

それで適当な日を考えた。四月十日の日を選んだ。この日は皇太子の結婚日である。国中、お祝いの気分で浮いている時が一番適当だと思った。しかし、当日までに送金がなければならない。私は手紙で幾度も頼んだが、その日まで来なかったので諦《あきら》めた。

四月中旬頃になって、事務所より送金が来たというので受け取った。百ドルを日本の金に換えたのであろう、三万弱であった。早速その間の支払いを済ませた。勿論、全てする事は出来ない。お金の準備が出来たので、後は実行するのみである。上野さんは原理を信じて慕うが、本当に心から全てを打ち明けて相談する段階でないので、私の心の奥で一人で計画を練って、土曜日という事に決めた。次が日曜日であるので療養所も休診なので、一番適当である。

いよいよその日の土曜が来た。私の胸は躍っている。夜行の東京行きの急行に乗る事にして、何度も時間表を見て確かめた。下関で乗ると入管又は警察の者に分かる恐れがあるので、下関の次の厚狭駅で乗る事にして、詳密なる計画を立てた。

私は夕方、いよいよ散歩にでも行く姿で気軽に療養所を出た。心の内ではこれが最後だと一言残して去った。町に来て早速買い物をした。合コートと皮靴を買った。旅行の身支度も出来た。喫茶店で上野君と逢って厚狭駅に行き、早速東京行きの切符を買ってホームに出た。その時、自分の身支度を見ると感慨無量である。成功した喜びで一杯である。彼も東京に行きたいと急に言い出したので、私は彼をなだめた。今の段階では彼はまだ足手まといである。

暫くして汽車が来た。喜び勇んで乗った。汽車は動き出した。又喜び、お父さま、お父さま、成功。ああ、夢にも忘れず願ったこの日が叶ったのである。今より五ヶ月前は丸坊主頭で罪人として鉄の手錠で入って行ったが、今日は自由の身となって上京である。あの広島より山口の時、私は如何に今日のこの日、この時を待ち焦れたでしょう。夢のようだ。しかし現実だ。唯、「お父さま、勝利」以外に何の言葉も出ない。しかしまだ闘いはこれからである。汽車は走り出す。

今日この時までの過去を思い出すと共に、先の日本伝道の計画を練る。明朝を過ぎて昼頃は東京である。しかし、東京に行って誰の所という当てもなければ何もない。唯、運を天に任せて行く。汽車の中で誰かを伝道したいと思ったが、私の前は年寄の人で不適当である。少し離れて理知的に見える女性がいたので伝道したいと思ったが出来ず、思いと焦りのうちに東の空は明けてきた。汽車は上へ上へと走る。

昔東京にいた時代の皆を思い浮かべて、彼等に逢えたら、と思いは尽きず、考えているうちに昼過ぎ東京近くの熱海に来た。熱海で汽車が長く停車した。そしてその向かい側に新宿行きの汽車が待っていたので、これはちょうどよいと思って乗り換えた。何故なら、私の療養所逃亡が知れて手配されている恐れがあったからである。

昼過ぎ、私は祈りのうちに胸を躍らせながら、また少し不安の気持ちも持ちながら新宿駅に到着した。昭和二十八年以来七年振りに再入京である。新宿で汽車を下りてみたものの行き先がないので、私は韓国のＹＭＣＡに行く事に決めた。飯田橋で下りて歩いた。東京の地で第一歩を踏み出した。「お父さま、お父さま」と祈り、固い決心をより固めて闘魂に燃える。

七月下旬

学校の米田さんが私に韓国人でクリスチャンがいると言って、清水さんを紹介してくれた。日本に帰化した青年で、雄鶏舎時計店をやっていた。私はここを根拠地として伝道したいという腹案をもって、彼に私は新生運動をやめてここで働きたいと言って、新生運動より雄鶏舎に勤めるようになった。朝は各自動車会社の月賦販売であり、午後は映画館の時計のスポンサー契約であり、夜は映画館の時計修理である。

最初のうちは伝道する時間がなかったが、最後、午前中だけにして、昼は伝道の自由を得る時間にして、牧師、学生、一般人を伝道した。心は焦る。早く伝道したい。教会を始めたい。心から敬服して従う者がいない。日本復帰を一日も早くと、午後には清水さんの二階で原理講義をしたが、あまり聞きに来ない。最初の夜の原理講義に四人が聞きに来て嬉しかった。この調子でいつも来れば、と思った。

清水一家は原理をよく聞いたが、須田さんは半信半疑で、反対はしなかった。とにかく教会を発足してみたかったので、初めて世界基督教統一神霊協会東京教会の名で伝道紙を刷って散布して、名を日本に初めて上げた。

十月二日金曜日午後七時十五分

日本宣教百周年の今年、神の原理は伝えられ、四月より今日まで原理を信じた兄弟姉妹四人、西川勝、清水義雄、須田トク、田村芳子は午後七時十五分定刻に礼拝を始め、清水氏の司会により始められ、讃美歌と祈りの後、西川勝の聖書講読、マタイ六章25節より後までを読み、「義と神の国を求めよ」という題で約三十分説教して、八時に終わった。

J・C・Cの学生も来ると思ったのだが来なかった。

四人で歴史的な礼拝をして、主の名において日本に一日も早く神の国の来たらん事を祈り、神の讃美と共に報天の決意を固くした。

増田 勝《まさる》

一九五九年十二月　入教
七百七十七双

「あの男は、かわいそうな男だった」

ある既成教会の牧師との出会い

私は一九三九年に、千葉県柏市で生まれました。一九五九年十月二日、日本統一教会が創立された二か月後の十二月に統一教会に入教しました。生家は父母と長姉に続いて男兄弟が六人、いちばん下の妹を合わせると十人の大家族でした。私は六番目の五男です。

キリスト教との出会いは、高校二年生の春のことです。自分の将来をどうにかして開拓しなければと、悩みに悩んでいたある日、ある新聞広告が目に飛び込んできました。それは「すべて疲れた人、重荷を負っている人は、私（イエス・キリスト）のところに来なさい。私があなたを休ませてあげよう（聖書）」の表題で、仙台のあるキリスト教団の無料の「キリスト教の通信講座受講」の勧誘広告でした。

高校生にとって無料であることは重要な条件で、早速申し込みをしました。今だから思うのですが、講座が有料であれば受講しなかったかもしれません。歴史に「もしも」はありませんが、結果的に私の霊的な命は無料で買い取られたようです。

講座が終了すると、担当講師から手紙が送られてきました。その手紙は直筆で便箋《びんせん》二枚にわたったもので、さらなる求道の勧めが文面にしたためてありました。記憶は正確ではありませんが、次のような文言の文章であったと思います。「『キリスト教は知識を積み重ねて、聖書をたくさん知って、自慢げに語り、他を見下ろして、知識を広める生活ではなく、人の中に生きて、人のために生きて、神と人に活かされて生活するもの』。ですから、具体的にキリスト者の集う教会を紹介しましょう」。

そして、自分の生家の近くの「日本基督《キリスト》教団柏教会」を紹介されたのです。後に私の母教会であり、受洗教会となる所です。紹介状を持って、日曜日の午前十一時前後、紹介された住所の周りを行ったり来たりするのですが、十字架のある建物はありません。一時間ほど右往左往して、どうしても教会らしき建物を見つけることができず帰ろうとしました。そのとき、幅十センチくらいの白く塗られた角柱が、一メートルほどの高さで立っているのを見つけました。そこに教団、教会名が墨跡鮮やかに記されていました。この教会は開拓教会で、民家を借りていたのです。

柏教会を訪ねたときは、ちょうど礼拝が終わったときでした。すると、その中の二十歳を少し過ぎた女性が、バケツを持って庭に走り出て、手押しポンプで水をいっぱいくんできました。そして、私を玄関の入り口に招いて、「あなたの足は、夏の暑さと汗とほこりのために泥だらけになっているので、洗ってあげましょう。中に入ってください」と言うのです。

一九五〇年代半ばの社会状況、男女間の接し方は、現在と比べれば想像しがたいほどに固いものでした。その場面に出会って驚嘆しました。キリストの姿をかいま見た思いがしました。初めて会ったばかりの異性の泥足を、正にまぶしいほどの白い手で洗うと言っているのです。キリスト教会訪問の最初の衝撃の一場面でした。それ以後、キリスト教会から抜けられないでいるのです。もちろん彼女は、私を異性と意識して接したわけではありません。教会を訪ねた一人の年若い弟と思っての行動なのです。

教会にいる人たちは、夏であるにもかかわらず豚汁鍋を囲んでいました。普段ならば、おおかた帰ってしまっているのですが、教会に残っているのには理由がありました。東京都立体育館で行われるビリー・グラハム師の集会に参加するためでした。私は教会の人に集会に誘われ、参加することにしました。足を洗ってもらった衝撃が残っていて、そのまま帰るわけにはいかなかったのです。

ビリー・グラハム師の伝道集会が開かれた東京体育館は、人でいっぱいでした。どのような説教の内容かは、全く覚えていません。説教の最後に、「これからキリスト教の道を行く者、キリストとともに行く者は、前の方へ出てきてください」という勧誘に、思わず私は飛び出して、手を高く差し上げて「神いますならばキリストの道を行く」と誓いを立てていたのでした。

母教会に戻って具体的に通教し、日曜礼拝、水曜日の祈祷会、聖書研究会、信徒会、青年会、学生会など、教会の行事は、できる限り出席しました。十六歳の夏に教会に通うようになって、二年後の十八歳になって洗礼を受けました。新教なので洗礼名などはありません。

しかし、私の受洗には教会の役員たちの反対がありました。その理由は、私が若いことと通教年数が短いこと、さらに聖書に対する知識が不足していたことなどでした。しかし、一人、牧師さんだけが私が洗礼を受けることに賛成してくれたのです。その牧師さんが受洗を認めたのは、教会役員たちが知らない、私のひそかな奉仕活動を知ってくれていたからです。牧師さんは、役員、その他の教会員に、私を次のように証《あか》ししてくれました。

「最近、教会の礼拝する床の隅々まで、清掃が行き届いていることに気がついているでしょうか？　庭に雑草が生い茂ることがなくなったのは、皆さんが知らない早朝、増田君が信仰の証しとして、掃除、草取りの実践をしてくれているからです」。

受洗は大学一年生のクリスマスの記念日のことでした。私の受洗を推薦してくれた責任的立場にいた人は、皆は「牧師」と呼んでいましたが、正式には牧師の資格を持っていませんでした。その人は代用教員を経て教員となり、教職を退いてキリスト教信仰歴四十数年の後、開拓伝道をしていました。六十歳を超えて神学校に通っていたのです。この教会にいる間、私にとって心底信仰について語り合える牧師でした。

この柏教会には、受洗前二年間、後二年間、合わせて四年間にわたってお世話になりました。しかし、洗礼を受けた後の二年間は、信仰の迷路に入り込んで大変でした。この後、教派の別なく、真理探索のために何十もの教会を訪ねました。摂理のこと、メシヤのこと、救いについて、罪について、十字架の意味について知りたくて……。しかし、迷路の溝は深くなるばかりでした。

神学校で学べば迷路を脱出できるのだろうか？　そのことについて、お世話になった牧師と語り合ったことがあります。そのときの牧師の答えは、「資格が必要で神学校に行くが、神学校では信仰は学べない。かえって信仰が押し殺されるようになる」というものでした。

私は受洗後、二年目の一九五九年に「統一原理」に出会ったとき、その牧師（このときは神学校を卒業して牧師職にあった）に自分の聞いた「原理」の内容を話しました。すると、「自分も聞いてみる」と言って、一週間の修練会に参加してくれたのです。修練会に参加した感想は、「素晴らしい教えだ、自分は現役牧師として直接参与することはできないが、あなたが行くのは応援しよう」というものでした。そうして、私を快く統一教会に送り出してくれたのです。

そして、「君たちの教会は現代の『ひこばえ』（切り株から出る新しい芽）だ。すでに現今の教会は共産主義思想などによって幹は切り倒されてしまっている。根は神が支えておられるが、幹も枝も神のものではなくなっている。君たちのような教会が必要だ」と言われたのです。

これは一九六〇年ころの言葉ですが、それを今、評価しても、その言葉の指摘した事実は現在も全く変わっていません。その牧師は現役を退いてから、帝国ホテルで開催された「希望の日晩餐会《ばんさん》」（一九七四年五月七日）に参加して、「私はメシヤに出会った」と告白してくれました。その後、九十数歳の天寿を全うしたのです。

キリスト教への不信感

さて私と統一教会との出会いですが、それは次のような経緯でした。私は大学に入学して「聖書研究会」に入りました。「聖書研究会」は、学校の自治会から部室を与えられ、かなりしっかりした研究会活動をしていました。主に聖書の読み合い、奉仕活動などをしていたのです。

一九五八年の夏休みは、私にとってどうしても解決しなければならない信仰の山場に来ていました。大学の成績は、相変わらず振るいませんでした。反面、求道心は強くなるのですが、それに反比例してキリスト教が理解しがたくなっていきました。

時代は、一九六〇年の日米安保条約改定前夜の騒動のまっただ中でした。安保条約改定に反対しない者は非国民、反対しない学生は学生にあらず的な風潮が、日本じゅうを席巻していたときです。言うまでもなく、安保反対運動の中心人物、中心団体はほとんど、社会主義者、または共産主義者たちでした。

そのような時代に、キリスト者、その所属団体、教団まで彼らの手先のごとく働きました。中には、自ら共産主義者であることを名乗る牧師までが出現する有り様でした。安保改定の嵐は、各大学を襲いました。私の大学も例外ではありませんでした。そのような騒動の中、さらなる嵐が私の所属する「聖書研究会」を襲ったのです。私の通学した大学には、部室を割り振った建物が二棟、並行して建っていました。

ある日、私たちの部室がある棟とは別の、もう一つの棟が全焼したのです。焼かれた棟に入っていた各部は、残った一棟の各部の部室にそれぞれ、くじ引きで入ることに決まりました。神は時に激しく、厳しい試練をお与えになるものだと思わざるをえませんでした。それは焼け出された「部」は二十を超えていたのに、よりによって「社研」(社会科学研究会)が「聖書研究会」と同室になったのです。

彼らは社会主義を名乗りながら、共産主義者より激しい論調を展開する者たちでした。普段は物腰優しく接してくるのですが、内実は強固な共産主義信仰者だったのです。彼らは「聖書研究会」の部員の存在を全く無視しました。「社研」への入室は、彼らの張ったくもの巣にかかりに行くようなものでした。社会の見方、歴史の研究、政治への関心の示し方、将来の国政のあり方、安保改定の必要性、それを実現するデモの方法まで毎日議論して、「聖書研究会」は完敗し、デモへの参加を約束させられる羽目になりました。

キリストの救いを願いながら、現実は救いの論理もキリストへの帰依もずたずたになっていきました。キリスト教徒の私も、彼ら共産主義者に全く歯が立たず、完敗して数回デモに参加しました。「安保反対」、「安保反対」と喉《のど》をからしながら、数人で青竹を腰の高さでつかんで、盾を持った警察官と衝突しなぐり合いながら、最後は警察官に追い回されるのです。運が悪ければ捕らえられて留置場行きです。

これは果たして学生として、いやクリスチャンとしてこの道を選んでよいのかどうかと考えました。自分自身の解答は出ていました。この状況から脱却する方法を見つけなければなりませんでした。互いの生き方に多く干渉しないように、不便ではあるけれども部室の使用日を隔日にするなど、「社研」の彼らと互いに話し合って決定しました。ようやく半分、部室の静けさが戻りました。

しかし私の心の中では、いつの間にかキリスト教への不信感が育っていました。当時の日本全体を揺るがした最も危険な騒動に、明確な意志と正確な教義を掲げて立ち上がったクリスチャンは存在しなかったのです。二度、三度、迷路に落ち込んでいきました。当時は、真剣に考え祈ったクリスチャンほど、自分だけは「天国」を目指そうと自己救済のみに走ったのではないでしょうか?

「あの男は、かわいそうな男だった」

絶対に起こりえないことが起こる

二学期が始まり専門科目も増えましたが、大学の私の成績は高く舞い上がることができずにいました。それでも、合宿所で知り合った母娘、熊本でのハンセン病患者たちとの出会いは心に残るものでした。しかしいまだ明確な出口が見えず、信仰の炎はだんだん細くなり、なぜか出口はどんどん遠くなっていったのです。

原因は、多々ありました。最大の原因は、学業の不振だったと思います。低空飛行ではありましたが、三回生になっていました。無事に卒業できるかどうか心配でした。一九五八年ごろの大学卒業生は、現在の大卒者以上に就職難の時代でした。成績不振者で身体障害者、しかも文学部国文科卒の就職口など皆無に等しかったのです。祈り続けた結論は、自分の人生は終末を迎えているので、いっそのこと信仰を棄《す》てようというものでした。あまりにも「聖書」が重たかったのです。

「重荷を負う者、我に来たれ！」は、全く反対の意味を持ったかのようでした。それでも、「聖書研究会」には顔を出していました。そして、半分惰性ではありましたが、いろいろな奉仕活動は続けていたのです。

一九五九年の三回生の後期は、つらい学期となりました。専門科目が選択されて、教授によっては出欠をチェックしたのです。学期中、二時限以上の欠席の場合、期末試験の受験資格を取り上げられました。信仰生活の達成のために割く時間も、学業的余裕もなくなっていました。一九五九年の暮れには、一時的にせよ信仰を棄てる決意をしました。聖書も読まず、礼拝も欠席し、奉仕活動も中止したのです。

二時限目が自由時間となった一九五九年十二月のある日、何の目的もなく部室をのぞくと、「聖書研究会」の部長と外部から訪問して来た人物が、盛んに議論を戦わせていました。訪問者はどうやら、どこかの教会の伝道者のように見えました。部室の訪問者は入り口を背にして、背もたれのない長いすに部長と対峙《たいじ》して座って口論していたのです。

部長は、「神を理知的にとらえ、確認することは不可能だ。すでに多くの神学者によって論証されている教会の常識だ。なぜ今さら、『不可能』と結論されたことを議論しなければならないのだ」と言っていました。また、訪問者を半分憐《あわ》れむような口調で、自分は学生だが神学もよく学んでいると、自慢げに「聖書研究会」の部長は反論を加えていました。

私は訪問者の後方の、入り口のドア近くに座りました。当然、訪問者は私に気づいていたに違いありません。私は部屋に入ったとき、すぐに外部からの訪問者がいることを察知して、私のことに構ってくれるなと、部長に目くばせを送りました。議論は、三十分ほど続きました。訪問者の主張の中心課題は、神を「科学的、論理的、実証的、歴史的に証明できる」というものでした。

いっとき、二人の間で会話が途切れたので、私は訪問者に「あなたの主張する『神を科学的に証明する』とは、どういうことですか？」と、質問を試みました。訪問者は、予想もしない機敏さで振り向き、それまでの部長との議論など全く存在しなかったかのように、部長を無視したまま素早く私に、「外に出られますか？」と質問してきました。私は、昼食を学生食堂で取るつもりでいたので、「出られます」と答えました。

部室の薄暗い電球の下では、よく見えませんでしたが、その人は青白い顔、不健康な顔色で、服装も粗末な格好でした。よれよれの外套《がいとう》を着て、鞄《かばん》は革製でしたが古く、ひびが走っていました。靴の踵《かかと》は三〇度も擦り減っていました。どのように見ても、優秀な伝道者とは思えません。校庭に出てからは、その訪問者の私への質問はただ一つ、「時間はありますか？」でした。当時の私には、初めて出会った人と、無意味に共に過ごす時間の余裕など全くありませんでした。

それでも「時間はありますか?」と、繰り返して質問してきました。その場を取り繕うために、私は逆に別の質問を発しました。「昼食はまだですよね。一緒に食べませんか?」三十分間でも部室で時間を共有した間柄であれば、気持ちよく別れたかったのです。たとえ貧乏を絵にかいたような格好をしていても、この人は伝道師なんだ。大切に思わなければと、考えていたのです。

現在でも、学生食堂は一般の食堂より割安でしょう。当時もそうでした。その伝道師の姿、身なりは、ここ最近、食事を取っていないのではないかと疑わせるほどに、やせて細身でした。気持ちよく別れようと、そのときお金に余裕のあった私は、「Aランチ」を注文しました。一人のときは、絶対に食べないメニューです。当時、醤油《しょうゆ》ラーメンが三十円の時代に、二百八十円もする高級なメニューを注文したのです。割安な学食にすれば、かなり豪華、ぜいたくな昼食であったのを記憶しています。

昼食と昼休みの時間が終わって、三時限の授業の開始に間に合うようにと考えて、「あなたの話を聴く時間がないので別れましょう」と告げました。しかし伝道者はあきらめないで、「時間はないか?」と食い下がるのです。三時限、四時限は漢文、古文の授業でした。私の専攻は国文科で、王朝文学、いわゆる「源氏物語」系の専攻でしたので、世の中のためにあまり役立つ学問ではないと自答していました。

二人の教授は、私の通っていた大学出身の卒業生教授であり、ごくごくまじめを地で行く授業風景でした。私は、「絶対に授業は投げ出せない。何らかの事故で欠席が二回に及べば、受験資格は危険信号になる」と訴えて、改めて会うことを提案しました。しかし伝道者は納得しません。私は追い詰められて、条件を出しました。「もし、授業が休講ならば、話を聴きましょう」。そうして、教務課に掲げられている教授の出欠の有無の掲示を見に行きました。すると、二人の教授が二枚とも赤色でした。

学生に対して事前の連絡なしに、休講するはずは絶対にない教授たちでした。起こりえないことが、起こってしまったのです。四年間の教会生活、信仰生活の中で、いくつか霊的経験を見て実感した私は、正に鳥肌が立つ思いでした。伝道者の待つ校庭に帰って、三時限目、四時限目とも突然の休講になったことを告げました。うそを言っているようで、私は下を向いて話しました。

この伝道者こそ、「西川勝《まさる》先生（崔奉春《チェボンチュン》宣教師）」だったのです。これが西川先生と出会って、原理講義を聴くことになった一部始終であり、顛末《てんまつ》です。神は、たった一人を選ぶときでも、恐ろしい業を用いられます。一クラスには四十数人の学生が受講していまし

「あの男は、かわいそうな男だった」

た。二時限ならば八十数人にもなる授業を、私のために犠牲にしたことにはならないでしょうか？

選びは、かくも犠牲を伴って、神の前に召命されるのです。背筋が寒くなる思いでした。聖書も捨て、教会も捨て、奉仕活動も中止したとき、神は間髪を入れず、私を新しいところに導こうとされたのです。

西川先生のペーパー講義を受けて

さて、一時限は九十分間の授業だったので、二時限といえば三時間の時間が生まれました。私が下を向いて、「二人の教授は休講だった」と報告したとき、西川先生はどんな顔をしたのでしょうか？　ひそかに「ニヤッ」とされたのでしょうか？　当時の心情を一度も聴いたことはありません。西川先生と私は、校外に出ました。十数分間歩きながら、私の大まかな信仰経歴など、ほとんど一方的に話しました。

「白十字」という喫茶店に入って講義を聴くことになりました。注文したコーヒーを飲み終えて、講義に入るとき、私が洗礼を受けたクリスチャンであることを知った西川先生は、喫茶店内に響き渡るような大声で祈り始めたのです。私は恥ずかしかったので、薄目を開きつつ周囲の反応を見ていました。

しかし、その祈りは、熊本のハンセン病患者の祈る閉ざされた希望に向かっての祈りではなく、新しい世紀への限りない希望の祈りであり、救いを確信する祈りでした。今までのどの牧師の祈り、どの信者の祈りとも異なっていました。心情の安らぐ祈りだったのです。この祈りで、西川先生の霊的ステータスが分かりました。ハイレベルな祈りでした。いつしか私も目を閉じて、共に祈りの世界に入っていました。

祈りのあと、講義を聴くことになりました。西川先生は鞄からわら半紙を取り出して、万年筆で講義をしようとしたのですが、万年筆にはインクが入っていませんでした。恐らく、毎日毎日、原理講義を聴いてくれる人を長い間、探し回って、だれも受講者が見つからず、万年筆のインクは乾燥、蒸発していたのです。

今のように物があふれている時代ではありません。事実、半紙にはわらの一片がそのままの形で混入していたような代物です。それが商品として通用する時代でもありました。茶色で、戦後十五年ほどたった、その時代の日本の実力を象徴する紙でした。戦後十五年当時の日本は、どれほど貧しかったかしれません。もちろん、ボールペンなどが出現する以前の話です。

私は、当時としては超高級品とも言える輸入万年筆のモンブランを愛用していました。高校卒業時に記念に買ったものです。学生たちは、万年筆と一緒にインク瓶を持ち歩いていました。カートリッジなどという便利なものは、そのころはまだ開発されていなかったのです。

私の万年筆を西川先生に提供しました。その万年筆は西川先生の願いにこたえて、サッとわら半紙の上に軌跡を描きました。そのとき、「限りない感謝である」と言って喜んでおられた西川先生の笑顔を、今でも鮮明に思い出すことができます。

最初は、「序論」と「創造原理」を聴きました。「創造原理」は、自分で組み立てて語ることはできませんが、納得することができました。新鮮な感動をもって受講できたのです。時間は、あっという間に過ぎました。別の機会に再会を約束し、「また会いましょう」の言葉を残して別れました。西川先生は、一度も振り返ることなく帰って行きました。西川先生の後ろ姿には、きょうこの時間に、やるべきことはやり尽くしたという自信と満足が見えました。

「あの男は、かわいそうな男だった」

共同生活の始まり

クリスチャンにとって、十二月は、何かと心急《せ》く季節です。キリスト教に触れてから、四回目のクリスマスを迎える月でした。そのころ何をしていたのか、明確な資料も記憶も少ないのですが、原理講義だけは突出して覚えています。

二回目の講義の受講までに、十日間ほどの時間がたちました。そのころになると、原理講師としての西川先生への想像が膨らんでいました。西川先生の身に着けていた服装、靴、鞄は、神の前に謙虚な姿の表現であるように思われ、外面より内面に真実の信仰を求めているかたであると信じました。もちろん、ありのままの姿であったわけです。

喫茶店で渡された名刺の住所は、国鉄山手線（現、ＪＲ山手線）の高田馬場駅で下車するのが、いちばん近い場所でした。名刺は、住所と名前だけのものでした。きっと、大きな教会の牧師か副牧師に違いないと、勝手に想像を巡らしていました。高田馬場で下車して教会を探したのですが、該当する住所の番地には教会が存在しないのです。四年前の夏に、教会を探したときと同じ状況でした。

名刺に記載された住所に当たるのが、「雄鶏舎」でした。そこは、時計の修理販売店でした。「雄鶏舎」を訪ねると、西川先生は気軽に「やあー、いらっしゃい」と言いながら、座り机の上の時計の修理部品を片隅に寄せながら、講義が始まりました。内心では、家や道々で想像した状況、事情との落差に驚嘆するばかりでした。

講義は「堕落論」でした。教会生活四年間のうちに、一度も話題にさえならない内容でしたが、「罪の根」の解説を聞いて得心しました。三回目の原理講義の内容は、「メシヤ論」でした。「メシヤ論」は、衝撃的な受講時間となりました。私が、受洗したクリスチャンということで、西川先生は、相当に緊張して講義したのではないでしょうか？　しかし、それまでに面談の回数を重ねていったので、双方共に基礎的な信頼関係が築かれていました。

雄鶏舎

西川先生は、穏やかな口調の中に、イエス様は十字架上で磔刑《たっけい》に処せられるために地上に生を得られたのではないこと、そして王の王として立つべきおかたであったことを、聖句を引用しながら語られました。

最後には私に、「天の悲しみが理解できますか?」と訴えるように語り、十字架の死は神とイエス様にとって第二の摂理であったと講義されたのです。言葉にならないほど、ショックを受けました。私はかつて「父と子と聖霊の名」のもとに受洗したのです。ですから、これは私のキリスト観を根底から覆す論説でした。

その後は、しばらく「雄鶏舎」には行きませんでした。どうしても、自分自身で講義の内容を整理整頓《せいとん》する必要があったからです。余計な概念、知識、経験がなければ、講義は当たり前の内容でした。現在のように細かに、講義案などを用いての講義ではありません。『原理解説』(ガリ版印刷)が出版される以前で、「原理」に関しては、何一つ書類は存在しなかったのです。西川先生も『原理解説』をノートにメモのように書き留めていたような時代です。

よく整理整頓してから、キリスト教の歴史の一端をかいま見ると、納得することのできる「メシヤ論」でした。特にコリント前書二章八節の「この世の支配者たちのうちで、この知恵を知っていた者は、ひとりもいなかった。もし知っていたなら、栄光の主を十字架につけはしなかったであろう」という聖句の引用は、頭にガーンと響きました。当時のユダヤ人も、知恵の不足のためにイエス様を十字架に追いやったのです。クリスチャンとして、知恵深く行動すべきだと思いました。

最後まで聴いてみようと決意したのは、翌一九六〇年のことでした。このころは、「原理」によって集められたクリスチャンの先輩に交じって、雄鶏舎で行われる午後二時からの礼拝に参加するようになり、信仰的姿勢も復活しつつありました。「雄鶏舎」における礼拝が、なぜ午後の二時からであったかの主な理由は、次のごとくです。この礼拝の参加者は十六、七人で、全員クリスチャンでした。ですから、既成教会の礼拝に午前中に参加したあとに集まってくるため、午後二時から礼拝が行われたのです。参加者は、長いマンネリ化した信仰に満足できずに、新しい道を探す開拓者ともいうべき人たちでした。彼らは信仰歴も長く、自分の教会の役員などを務める人もいました。

やがて原理講義所は、新宿区百人町に移りました。西川先生は、そこで印刷の仕事のアルバイト会社「統和社」を開きました。三坪、四坪あるかないかの小さな敷地でした。壁に黒板をつるして、土間に受講者のためのいすを置きました。粗末な事務所、印刷所、台所、講義所でした。礼拝所は、近くの「婦人矯風《きょうふう》会」の二階の一つの集会所で行われました。「婦人矯風会」とは、何をしていた所でしょうか? そこは、売春婦たちなどの立ち直りの援助、教育を行う建物でした。

日本キリスト教婦人矯風会館の前で（前列右端が筆者1960年10月16日）

その後、新宿区西五軒町の宿舎で共同生活が始まりました。六畳一間、暗い廊下、共同トイレ、横六十～七十センチメートル、奥行き四十センチくらいの流し台、ガス台、ここに男女合わせて六、七人が寝起きしたのです。

午前中、早くから、天職と言われた廃品回収業「屑《くず》屋」に行き、午後三時に風呂に行ってから、伝道に行くようになっていました。「原理」の勉強は、真夜中にしたのです。私の信仰生活は、十分に満足には運びませんでした。大学は四回生になるはずでしたが、授業料は伝道のパンフレットに化けていました。学校に行きたくとも行けず、退学に追い込まれつつありました。

生活のすべてをささげるほどの決意は、固

まっていませんでした。学業を続けるのか、退学するのかを決めなければならなくなりました。そして、学業を続けることに決心したのです。大学への復学の資格を確保するためには、前期の授業料の納入が条件でした。そこで、大学を終えて社会人になっていた二つ違いの兄に事情を話して、学費の援助をお願いしたのです。兄は承知してくれました。「私はメシヤに出会った」と、親族に初めてみ言《ことば》を伝えました。兄の返答は、「君がメシヤに出会うはずがない」でした。兄の言葉の意味は、「障害者で今や成績不振で退学もやむをえないような状況に陥っているような君を、神とメシヤは必要とするはずがない」という意味です。人格的にも学業的にも、私より優秀な兄を伝道できていたならと、今も思い続けています。伝道することができずに四十年が過ぎました。大声を出して泣きたいほどです。

野外伝道の始まり

このころになると、曲がりなりにも献身的生活を送るようになっていました。一九六〇年の夏、松本道子さんと一緒に野外伝道に出ました。私の学校の夏休み期間中の四十日間

「あの男は、かわいそうな男だった」

でした。場所は、明治神宮外苑です。日本で最初に西川先生が伝道した者たちによる野外伝道は、初々しい姿でした。

四十日間、よく全うできたと思います。この四十日間に栄光があるとすれば、公園の木の下で涼を取っている人たちに語りかけたのです。この四十日間に栄光があるとすれば、そのすべてを松本さんにささげたいと思います。松本さんは、よく頑張りました。細かい活動は記憶が薄れています。

一九六一年五月十五日、韓国で行われた三十三双の聖婚式に出席できなかった西川先生は、新宿区の西五軒町で式を挙行しました。私が司会を担当したのですが、それは意義も価値も理解しないままに、役目を果たしたのでした。

この西川先生の三十三双の聖婚準備に来ていた姜淳愛《カンスネエ》さんは、私のことを「日本の長男」と呼んで、かわいがってくれました。西川先生は私を「勝」と呼び、時には「坊や」と呼びました。頼りない限りだったのでしょう。あまりにも私が子供だったのです。兄弟たちは、「お兄ちゃん」と呼んでくれました。正に家族そのものの集まりです。

西五軒町の教会兼宿舎では、私は西川先生と一枚の布団に寝ていました。時々、澤浦秀夫さんが私の寝ていた場所に横になると、「ここは勝が寝る所だから絶対だめ」と、西川先生が言われました。宿舎には風呂がありません。西川先生は銭湯に行くときは、絶対に私だけしか連れて行きませんでした。障害者の私の体は、見苦しい姿に映ったのでしょう。他の兄弟に見せたくないと考えたのかもしれません。大衆風呂での時間は、互いに背中を流し合い『原理解説』についての細かい質疑応答をしました。

一例を紹介すれば、私が「イエス様は処女懐胎ではない。神の創造物で人として血も流されたおかたが、生物的、生理的見地から見て処女懐胎は不自然だ」と話しました。それに対して西川先生の答えは、「勝が信じるように信じればいいのではないか」というものでした。当時、原理講義で触れる部分ではなかったのです。

このころから、街頭伝道が盛んになりました。のぼりを立てて街の人に呼びかけるのですが、信仰の訓練にはなっても、あまり効果はなかったのではないでしょうか？　かえって、逆効果の場面も生じたかもしれません。いずれにしても、私の歩みは遅々たるもので、読者に語るべき内容の希薄なことを、原稿をしたためながら自分は残念に思い、皆様には申し訳なく思っています。

イエス様のために泣かれた真《まこと》のお父様

さて、私がどのように真のお父様に出会ったのかをお話ししましょう。一九六五年一月に、真のお父様は日本に聖地を決定されるために来日されました。そのときが、私にとっての真のお父様との最初の出会いでした。日本にとって、また兄弟姉妹にとって本当に待ちに待ったご来日でした。当日は、どのように行動したのか一つ一つは定かではありません。

私も胸の膨らむ思いは、抑えることができませんでした。南平台（渋谷区）の教会は、岸信介先生の首相時代の公邸でした。一九六〇年の安保反対のとき共産主義者にそそのかされて、腰に青竹を握り締めてデモに及んだ場所です。思えば不思議な一縁です。

真のお父様もうれしそうに、元気にみ言を語り続けてくださいました。満面に笑みを浮かべての説教でした。一動作、一動作にこんなにもあなたたちを愛しているという、真のお父様の世界を感じ取りました。しかし私は、まだまだ観念の世界を泳いでいたのです。真のお父様をお迎えし、共に神を賛美する心情の噴出がありませんでした。最も悪い世界が同居していました。私は真のお父様を観察していたのです。

話が進んで、お父様が「何か聴いてみたいことがある？」と、私たちに問われました。「ＵＦＯは存在しますか？」などと、面白い質問が出ました。中には、全くばかげた質問もありました。そのときだれかが手を挙げて質問しました。「イエス様はどういうかたでしたか?」。この質問には深い意味が隠されていると思います。「イエス様はどういうかただと思いますか?」と、イエス様を客観的に見た話法ではなく、例えば「お父様、昨日、あなたはイエス様にお会いになりましたよね? そのときあなたは、イエス様をどのように感じて、今ここにおいでになるのですか?」という内容、話法になると思います。

そのときに、真のお父様がどのように答えられるか、その答えが私にとっては非常に大切な答えだったのです。クリスチャンとしての私にとって、イエス様は「救世主」です。それは、統一教会に来てからも変わらないのです。むしろ既成教会にいたときよりも、大きな位置を私の中では占めていました。

真のお父様は一瞬、天井を見られてからすぐに下を向かれました。そのとき、答えはどのように発せられるのかと、会場はシーンとなりました。ボタボタと水滴の落下する音がしました。その後、再び真のお父様が真正面を向かれたとき、それがお父様の涙が床に落ちた音だと知ったのです。

そして静かに語られました。「あの男は、かわいそうな男だったよ」。この一言は、私と真のお父様との重要な出会いとなり、絆《きずな》を結ぶ言葉となりました。しかしこの言葉は、イエス・キリストを信じないで来た人、その反対にイエス様を深く愛したクリスチャンであるけれども、「原理」を聴く機会を逃した者にとっては考えることのできない言葉です。

イエス様を「あの男」と言われたのです。聞き方によっては、非常に乱暴な言葉でした。でもその言葉を聞いたとき、震えるほどに私は感動したのです。そしてこのかたはイエス様であると思いました。二千年の時を超えて、イエス様がここにお立ちになっておられると思ったのです。

1965年に来日された真のお父様（1965年1月、東京都渋谷区南平台町の本部教会で）

普通であれば、イエス様を呼ぶ場合「あのかたは……」と敬称をつけて言うでしょう。ところが、真のお父様は「あの男」と言われたのです。イエス様の心情をたどってみて真のお父様は、イエス様を客観的に見詰めるのではなく、十字架をご自分の痛みとして無念の心情を見詰めておられたのです。

だからこそ、「あの男は、かわいそうな男だった」と言われたのです。そのとき、時を超え歴史を超えて、真のお父様はイエス様を見詰めておられるからこそ、私はこのおかたはイエス様であると思ったのです。イエス様の再臨として、目の前にお立ちになっていると思いました。そのとき名実共に、真のお父様はイエス様の再臨として私の心の中で合致したのです。

殉教精神で開拓伝道に

松本道子
（曺《チョ》正《チョン》道《ド》）

一九六〇年四月　入教
一九九八年　霊肉界祝福
二〇〇三年十月二十五日、八十七歳で昇華
真の父母様から「忠心教母」の
贈り名を頂く

幼年期の思い出

私は韓国の慶尚南道固城郡《キョンサンナムドコソングン》の山奥で生まれました。上の兄が亡くなって、すぐ上の兄とは十歳年が違う、いわゆる年寄り子でした。私は父に似て気が強いのですが、母は気の弱い人でした。母の友達がある時、魚の骨を喉《のど》に刺して、苦しんで死んでしまいました。それを見て三児の母親であった私の母は、ノイローゼ気味になって「あの人をだれも救えない。生きるとは何だろう?」と、少し精神異常になってしまったのです。

父は母を医者に診せるためいろいろな所に連れて行きましたが、原因不明でした。母は絶叫し泣くので困ってしまい、静かな愛島《エド》という島に気を休めるために行かせました。その島にキリスト教が入ってきたのです。

母は、キリスト教の教えに触れ、信仰によって病気は完治しました。その後、熱心なクリスチャンとなった十年後の一九一六年陰暦一月七日に、私が生まれたのです。私は両親の愛を一身に受けて育ちました。教会は山奥にある私の家から日本人町を通過して、しばらく行った所にありました。

韓国は日曜日になると、教会の鐘が鳴ります。その鐘の音を聞くと、母は真っ白いチマ・チョゴリを着て、頭の髪を整えて教会に行く用意をします。私は母に付いて行くのですが、私の目的は教会に行くことではなく、教会に行くときに通る日本人町のお菓子屋さんでした。そこであめ玉を買ってもらいたかったのです。家が貧しかったので、お菓子は食べたことがありませんでした。

そのころ韓国はまだ貧しくて人の口に入っているあめ玉でも、「それちょうだいよ」とねだると、歯であめ玉を割って口から出してくれるのです。それを少しも汚いと思わないほど、人間関係が親密でした。私は「お菓子買って」と母にねだると、母は「教会の帰りに買ってあげるから、お利口にしていなさい」と言うのです。でも、貧しいのでお金はありません。あっても、みんな献金してしまうのです。

教会からの帰り道、母はお菓子屋の前を通り過ぎてしまいました。母は私に約束したのに約束を破るので、私は声を上げて泣きます。私は石を母のスカートの中に入れて、「嘘《うそ》つきー。お母さんは私にお菓子を買ってくれない」と言って泣くのです。すると私の母は、ポプラの枝で鞭《むち》を作って私を叩《たた》きました。私は何時間もだだをこねて泣きました。やがて母は私を抱いて泣きながら、「今度、お金を作って買ってやるから」と慰めてくれるのでした。

夢にまで見た日本へ

毎朝、四時ごろになると母は、家の庭にある三百年も経た樹木の下へ行って祈っていました。日本に一人行って苦学している息子のことと、再臨主が早く来るようにと祈るのでした。母は昔の人でしたから、長いスカート（チマ）を着ていました。ですから私は、その中に入って母の膝《ひざ》を枕にして寝てしまうこともしばしばでした。私は甘えん坊でしたから、母の行く所にはどこにでも付いて行きました。

十歳になった夏の日のことです。同じ村から日本に留学していたお金持ちのお嬢さんが帰国したのです。母は息子の消息を聞くために、その女学生の家に向かいました。そのとき私も、母に付いて行ったのです。なぜ私の息子は帰って来ないのか、日本で息子はどのように生活しているのかを母は尋ねました。

するとそのお嬢さんが、私の心を非常に引き付ける話をしたのです。「あなたの息子さんは、セロファン袋にお菓子を詰めて、いろいろな劇場に卸す仕事をしています。だから夏休みになっても戻れないのです」。私は「お菓子」と聞いて、びっくりしてしまいました。胸がどきどきしてきました。私はお菓子が食べたくて病気になりそうなのに、兄はお菓子を詰めたり卸したりしているというのです。

帰り道、母は泣きながら「ああ神様、息子は、そういう仕事をしながら勉強しているのですか」と言いながら歩いているのです。私はもううれしくてうれしくて思わず、「お母ちゃん、いいわね！」と言いました。そのことがきっかけで、日本にいる兄の所に行こうと子供心に思ったのです。

その後、私は「お父さん、私は日本に行く」と言うと、父は驚いていました。ヨセフがいなくなって、残されたベニヤミンまでいなくなるヤコブのように、父は「とんでもない。日本は地球の下にあるんだ。日本は怖いんだよ」と言って、絶対に日本に行くことは許してくれませんでした。「兄さんがいるから大丈夫だ」と言っても駄目でした。

しかし私は、日本に行きたくて行きたくて、そのためご飯も喉を通らず発熱し、三日間ぐらい泣き続けたのです。お菓子が食べたくて、「兄さんに会いたい」とだだをこねました。あまりに私が深刻で、このままの状態では死んでしまうのではないかと父母は案じ、しかたなく私を日本に行かせることにしたのです。一か月間くらい兄と一緒にいて、お菓子を十分食べさせ帰国させてくれるようにと、先のお嬢さんに両親は頼んだのです。

バスも列車にも乗ったことのない私でしたが、初めてそれらの乗り物に乗って釜山《プサン》に向かったのです。釜山に到着すると、山のような連絡船が目に飛び込んできました。今、見れば小さな船なのですが、その時は山のように大きく見えたのです。

一日かかって釜山まで来るとホームシックにかかり、「家へ帰りたい」と言い出すと、私をここまで連れてきたお嬢さんたちが怖い顔をして睨《にら》むので、怖くてどうすることもできませんでした。関釜連絡船に乗船し、翌日、下関に着きました。そこから列車に乗って、何時間もかけてやっと東京に着いたのです。私はそれからずっと日本に住むようになったのです。

私の結婚生活

私の兄は、アルバイトで始めたお菓子の仕事が本職になり、たくさんの人を使うようになりました。一流劇場へお菓子を卸すようになり、二十六歳ですでに社長でした。そしてグリコの会社へ入って幹部として、次第に責任ある立場で仕事をするようになったのです。

十五歳の夏に一度、帰国しました。母はすでに亡くなっていたので、家の庭にござを敷いて父と二人で横になりました。父はもう六十歳のおじいさんで、いびきをかいて寝始めました。腕を枕に私も寝ていると、月がこうこうと照り、草や木が風に揺れ、蛙《かえる》やいろいろな虫が鳴いているのが聞こえました。そのとき、私は寂しい気持ちになったのです。母は死に兄は私をかわいがってくれるけれど、兄も結婚すればどうなるか分かりません。私は寂しくなって、「お父さん、人間はどこから来たの?」とお父さんを起こして尋ねました。

「お前は病気になったね。そんなこと誰にも分からないんだよ。寝なさい」

「お父さん、死んじゃ嫌よ」

「そんなこと言ったって、どうせ死ぬんだよ」。このような会話を父としました。

それから三日間ぐらい悲しく寂しく、泣いて泣いてノイローゼ気味になりました。父から「お兄さんの所へ行きなさい」と言われて、日本に戻ったのです。兄は私を愛してくれましたが、厳しい面もありました。夢がたくさんある十七歳の私を生活能力のある男の所へ行かせるのが兄の責任だと思っているので、ひっぱたいても行かせるのです。兄の会社で一番優秀な人のところに、十二月二十五日、クリスマスの日に私はお嫁に行ったのです。

嫁いだその家には、家族と雇い人を合わせて十五人ぐらいいました。そういう所へ何一つ家事もできない私が嫁に行ったのですから、私はそこでどれほど泣いたことでしょうか。二十四歳までに、私は三児の母となりました。お嫁に来るまでは、『少女クラブ』を読んでいたのですから、結婚生活は大変です。

ある日「マッチ売りの少女」という漫画を読んでいました。するとそこには、少女が苦労して最後は霊界からお母さんが迎えに来るという、かわいそうな物語が書いてありました。私はそれを読んで驚きました。そのとき私は十四歳ごろのことを思い出したのです。そこで再び「人間はどこから来るんだろうか？　霊界はあるのだろうか？」と思い悩みました。またそのマッチ売りの少女がかわいそうなのと、亡くなった母親が懐かしくて一日中泣いたのです。

おしめをたたみながら泣いていると夫が帰って来て、「どうしたのか？」と尋ねるので、マッチ売りの少女の漫画を読んで感じたことを話すと、夫から叱《しか》られました。子持ちの母親が、そんなことを考えていてどうするのかというのです。私は「そんなこと言ったって、死んだお母さんに会いたいから、そのような世界があるのか？」と聞いただけなのに、そんなに怒ることではないと喧嘩《けんか》が始まりました。

私はこのような夫と暮らすことはできないから離婚したいと言って、兄の所へ行きました。夫も兄の所に行って、このような愚かな女と暮らすことはできないと、兄に訴えているのです。兄は夫に「お前が要求して妹を嫁にもらったのだから、育てながら暮らすんだ」と言っているのが聞こえました。

聖書に対する疑問と入院の宣告

その後、戦争が起きました。夫は自分の父母を連れて、韓国の馬山《マサン》（慶尚南道《キョンサンナムド》）に疎開したのです。その時、夫はパラチフスにかかって死んでしまいました。しかし手紙が来なかったので私は死んだとは知らなかったのです。工場も焼け、子供を連れて学校へ疎開して戦争の間あちこちさまよっていました。戦争が終わってから手紙が来て、夫が死んだという知らせを受けたのです。

その知らせを聞いた兄は泣きました。ご飯も炊けない妹を妻にして、苦労が多かっただろうと言って泣くのでした。私は夫の死の意味もよく分からず、呆然《ぼうぜん》としてしまいました。私は世間知らずの愚かな者でしたが、苦労はその時から始まったのです。小学校時代から私はいつも、「朝鮮人、朝鮮人」と馬鹿にされ差別されたので、日本に対してとても恨みをもつようになっていました。

　私の本名は「曺正道」ですが、ある時、大先生（真のお父様）はこの名前を見て、「これはお腹《なか》の中から伝道しなければならない」とおっしゃいました。母はもう子供はできないと思っていたのに、私が十年ぶりで生まれたので、良い名前をつけようとしたのでしょう。でも男のような名前だったので、私は嫌いでした。日本に来て日本名にしなければいけないので、「道」に子をつけて「道子」、夫が松本なので「松本道子」と名乗りました。

　やがて、聖書に疑問を持つようになったのです。親がクリスチャンですから、自然に教会には通い始めていました。牧師に人間はどこから来たのか、神は土で人間をつくられてどのように息を吹き込まれたのか、天国はどこにあるのか、イエス様を見たことがあるかなど、いろいろと質問をしました。

「聖書に書いてある」と牧師が答えれば、聖書は「人間が書いたものではないですか？」と言い返しました。さらに、聖霊や天国をあなた見たことありますかと追及すると、牧師は、「松本さん、あなたは理屈屋だ。ただ信じさえすれば天国は行くのです。そういうことを言うものではない」と言うのでした。

たくさんの教会を回っても、これらの質問にだれも答えてくれません。偉い牧師も、そのような疑問に対する回答には限界がありました。ですからだれと話しても、喧嘩になってしまうのでした。兄とも同じです。仕方なく私は考え込んで、三日間も沈黙してしまうのです。「あなたは馬鹿ではないか。そんなことを考え込んで三日間も口を利かないなんて」と言われるほどでした。最も私が苦しんだことは、神も人も信ずるものが何もないことでした。

ではは神がいないのにもかかわらず、神を信じて生きた私の母の生き方は間違いだったのかと思うのです。聖書はよく読んでいましたが、聖書も十分な私の心の支えとはなりませんでした。通っていた教会の牧師は、信仰の薄い私を信仰の篤《あつ》い婦人であるといつも褒めて信頼してくれました。そして、教会堂の鍵《かぎ》を管理する責任を与え、私に鍵を預けてくれるのです。

聖書の詩篇に「常にあなたは私を求めよ。そうすれば私に会うであろう」とあります。私は「こんなにあなたを求めています。あなたはどこにいるのですか?」と、毎夜泣いて祈りました。神を捨てることもできず、完全に信じることもできない苦しい毎日が続いたのです。

私は友人二人の紹介で、ポーラ化粧品のセールをしようと思い会社に行きました。そこの責任者は、ちらっと私を見て「ああ、朝鮮人か」と思った様子でした。

ポーラは十万円相当の化粧品の入った箱を一人一人に預けるので、「朝鮮人には、どうせろくな者はいない。悪いことばかりしているので、とても十万円の鞄《かばん》を預けることはできない」と思ったのでしょう。ところが、私の二人の日本人の友人は一生懸命に、「この人はクリスチャンで、とても善い人です。どうか使ってやってください」と、保証人になって頼んでくれたのです。その結果、私はしぶしぶ雇ってもらったのです。しかし、彼らは初め私にとても冷たく接しました。その時の私の心は、それこそ「こんちくしょう！今に見ておれ」という思いでした。

日本人に頭を下げて、ポーラのセールスをしなくてはならないところまで落ちぶれ、内心はとてもつらい路程でした。会社では、販売競争が始まります。私は鞄を提げて泣きながら祈りました。神様は分からないけれど、イエス様の偉大さは分かっていたので、「イエス様、あなたは本当にこの地上に来られるのですか？」と祈りました。

また、子供のためと思いながら決意して、ポーラ化粧品の販売の開拓をしたのです。「ごめんください。ポーラのセールスマンでございます」。それまでは、言葉もよくできなかったのですが、ポーラ化粧品のセールスを四年間やり一流の販売員となりました。後で振り返ってみると、それは神の訓練でした。

ところが私はあまり働きすぎて、ついに肺に空洞ができる寸前となり、肋膜《ろくまく》も悪くして六か月間、入院して安静にしなければならないと病院から宣告されたのです。退院後は三年間くらい、楽にして重いものを持ってはいけないと言われました。その間、だれが私を食べさせてくれるのでしょうか。その話を聞いて悲観してしまいました。私は兄の家の離れを借り、大きな病院の部屋が空くまで養生しながら入院する時を待っていました。そのころの私は痩《や》せ、ストマイシンなど薬を飲んでいて、もう死にそうな顔をしていたのです。

西川勝《まさる》宣教師との出会い

一九六〇年四月のある日でした。私が教会の鍵を預かる仕事もできないので、教会に鍵を返しに行ったその時、西川勝先生（韓国名、崔奉春《チェボンチュン》宣教師）がその牧師を伝道に来ていたのです。私は牧師に、「結核になりました。入院しなければならないので、この鍵をお返しします。だれか適当な人を選んで、その人にやってもらってください」と言いました。すると牧師は、「松本さん、悲観しなくてもいい、大丈夫だ。神様があなたのような人を見捨てるはずがありません」と言って、私を慰め祈ってくれるのです。

それから牧師は、「素晴らしい先生を紹介します。この人は素晴らしい宣教師です」というので見ると、ジャンパーによれよれのズボン、奇妙な髪型をしていて乞食《こじき》のような痩せこけた骨と皮の男がいました。「骨川皮之介」、「骨川筋之介」です。私は宣教師といえば、立派なダブルの背広を着ている人を想像したので、貧弱な青年であると思いました。

でも私はセールスを四年もやっていたので、挨拶《あいさつ》した後で西川先生に「あなたは、神様がいると思いますか?」と尋ねました。西川先生は下を向いて、「神様は生きています」と答えるのです。「私は長いことクリスチャンですが、神様を見たことがありません。神はどこにいますか?」と尋ねると、牧師は「まあ、それは松本さん、後で聞けばいい。実は西川先生が私をお昼に招待してくれたのです。一緒に行きませんか?」と言われました。

西川先生も「あなたも一緒に来てください」と言いました。そのころ西川先生は、町工場の事務所を借りて夜講義し、昼はそこで働いて日曜日に矯風《きょうふう》会館を借りていたころでした。事務所に移ったばかりなので来てほしいと言うのです。行く道々、私は西川先生にいろいろと質問しました。すると西川先生は、「私はあなたが目で見るごとくに説明することができます。聖書原理というものがあるのですが、聞いてくれませんか?」と言うのです。

終末について西川先生に尋ねると、聖書には「時の景色を見よ」と書いてあります。「今、世の中は、道徳は廃れ、人々は戦争の準備をしています。今や核戦争が行われようとする時代です。メシヤが、核戦争が済んだ後に来たとすれば、だれを救うのですか。聖書には、そのように記しています。本当に再臨主は来ます。私はあなたの納得の行くように話すことができます」。

私は、そのような話を聞いて心の中で、「これは素晴らしい人を見つけた。だれにも言わないで、私独りでこっそり聞こう」と、宝物を見つけたような気がしたのです。西川先生はその時、心の中で私を伝道しようと思ったはずです。事務所に着くと、西川先生は一つの包みを持って来て、「皆さん、この中に食事が入っています。これは天から来たマナです」というのです。

「ああ、牧師だから聖書の言葉を使うのだ」と思っていると、最後にふたを開ける時に、もう一度「皆さん、これは天から来たマナですから一つも落とさずに、おいしく召し上がってください」と言うのです。「これは、どこかのクリスチャンがプレゼントでもしたのかな」と、自分なりに解釈していたのです。ふたを開けると、それは韓国の婚姻料理でした。「米国へ行く宣教師が、羽田で渡してくれたものです」と、西川先生は言われました。

友達の結婚式と思ったのですが、それはとても意味のある料理だったのです。大先生（真の父母様）のご聖婚式（一九六〇年陰暦三月十六日）のお料理でした。それを大先生は、西川先生にも一つ届けてくださったのです。私は（新約）教会の鍵を牧師に返して、すぐに成約の肉のマナを食べ、性相的なマナであるみ言《ことば》をそのすぐ後に食べたことになります。翌日、聖書原理を聞かせてくれるというので、私はその日はそのまま帰って明日を待ちました。

私の見た蛇の夢

「あの青年は変わっている。神様がいるなら本当に私は聞こう」と楽しみにして、翌日さっそく出掛けて行きました。西川先生は私と和動して、私がイエス様の話ばかりするので、救世原理から講義を始めたのです。「メシヤ降臨と再臨の必要性」の講義です。私はその講義を聞いて、本当に驚きました。

十字架は人間の罪を赦《ゆる》すための神様の予定であると思っていたのですが、全然違うことを言うのでした。もっと驚いたのは、講義をする西川先生は汗を流しながら全身全霊を尽くし、目はらんらんと輝かせ涙を浮かべながらも、顔はピンク色に輝いていたことです。

聖書を叩きながら、「アバ父よ。願わくはこの苦杯を取り除き給《たま》え！　四千年の歴史をかけてやって来た私が、使命を全うせずに行かなければならない」というクライマックスは、すごい迫力で講義するのです。聞いている私は、「この青年の年齢は、ちょうど三十三歳くらいである。イエス様の生まれ変わりではなかろうか。今、昔の恨みを私に言っているのではないか」と思ってしまいました。

私は勇気を出して西川先生に、「すみません。ちょっと質問します」と言ったのです。「あなたは一体だれですか？　あなたはどこから来たのですか？」と質問しました。サタンかイエス様かと思ったからです。すると西川先生は、「私がだれであるか。あなたは祈ってみなさい」と言われました。

講義が終わり家に戻って一生懸命に祈ったのですが、何の答えも来ません。それですぐ翌日、牧師の所へ行って今までのことを全部話すと、「とんでもない。天使のごとく装ってサタンが来ます。そんな言葉を聞いてはいけない」と言われたのです。

そのとき私は、「サタンであるならやっつけてやる。しかしサタンが、あれほど熱心に講義をするだろうか？　とにかく最後まで聞いてみよう」と思ったのです。その後、「創造原理」と「堕落論」を聴いたのですが、「堕落論」を聴く前に私は夢を見ました。

電信柱のように大きな蛇が二匹闘っていると、蛇が蛇を産んでそこらじゅうが蛇だらけになってしまうのです。もう足の踏み場もないほどですから、私は恐ろしくなって「この蛇を焼いてしまえ」と叫んだのです。するとだれかがやって来て、火で焼いてしまうのです。蛇は焼かれて灰になりました。韓国の白い服を着た男性が、その灰を掃いているのです。私はその出来上がった道を歩きながら、「ああ、あの人が焼いてくれたんだな」と、感謝の思いで見ながら行くのです。

私はその夢を隣で寝ていた兄に話すと、「縁起のいい夢を見た。宝くじを買え。きっと当たる」と言って喜ぶのです。私は兄が言うような夢ではないと思ったので、急いで西川先生の所に行って夢の話をしました。西川先生は、「その夢は深い意味があります。これから『堕落論』を講義するので、その夢の意味が分かります」と言って、「堕落論」の講義を始めました。

「堕落論」を聴いて驚きました。髪の毛がよだつほどでした。私の中に、嫉妬《しっと》心、猜疑《さいぎ》心がある理由がよく分かったのです。私の血統の中に、蛇の血が流れていることがよく理解できたのでした。私は泣きながら、「天のお父様と私は呼ぶことができませんが、天のお父様、私はあなたの娘になりたいのです」と祈ったのです。

三日後に入院しなければならない私でしたが、もうその時から最後まで毎日、西川先生の所に出掛けて行って受講しました。そのことに兄は怒って、「何がプラス、マイナスだ。お前は入院しなければならないのに、夜中遅くに帰って来る。お前の顔には死相が表れているぞ！」と言うのです。

娘も「お母ちゃん、あんな変わったシスター・ボーイみたいな男、あの人は牧師？」と言って、西川先生を軽蔑《けいべつ》しているのです。兄があの人は密航した男だから警察に訴えるというのです。私は「あの義人を警察に訴えるなら、もう兄さんとの縁も切ります。私は兄さんを殺します」と言ってしまいました。

すると兄が「何？　今まで育てて、お嫁にも行かせてあげたのに、それが兄に向かって言う言葉か！」と言って私を殴るのです。私は兄さんを殴るわけにはいかないので、兄の箪笥《たんす》を蹴《け》飛ばしました。そして、取っ組み合いの喧嘩をしたのです。「この無礼者、出て行け！」と兄が言うので、「出て行く！」と言って、布団とちゃぶ台を頭の上に載せて家を出ました。

殉教を決意して伝道活動に

西川先生の所に着くと、西川先生は私の事情を聞いて私を慰めてくださるのです。その時、私は「私は一生、女中をしてでも西川先生の後に付いて伝道したい！　先生のように黒板をもって伝道したい」と言ったのです。西川先生も心の中で、とてもうれしかったと思います。そのとき西川先生は、「ああ、やりましょう」と言われました。

私は「この汚い堕落性をもった私をひどい目に遭わせてください」と祈りました。どうすればこの堕落性を脱げるかと西川先生に尋ねると、伝道すれば脱げると言われたので、私はその言葉を信じて祈りました。

「天のお父様。私はこれから伝道します。堕落性を脱ぎます。もし私が途中で伝道をやめ、手を鍬《くわ》にかけて後ろを振り向くようであれば、私を地獄の十二丁目まで行かせてください。もしあなたを裏切るようであれば、地獄の最も深い所へ千年も万年も閉じ込めてください」。

このように祈って、伝道を始めたのです。このとき西川先生は、黒板を作ってくださいました。私は西川先生に、「先生、本当のことを言ってください。先生は偽者ではありませんか？」と尋ねたのです。すると西川先生は、「松本さん、よく考えてごらんなさい。神様を信じられない人に神を科学的に教え、『堕落論』を通じて真の清い人をたくさんつくったら、神様が『お前、地獄に行け！』と言われるのであれば、喜んで地獄に行こうではありませんか。そこが天国です」と言われました。私はその話を聞いて納得したのです。

牧師は、西川先生のことをサタン呼ばわりしたのですが、西川先生のその一言で私の心は定まりました。「私は行きます、天のお父様。私を殉教させてください」と、決意を固めたのです。そのとき、西川先生は私の手を握って祈ってくださいました。私は死んでもこの道を行くと誓って、開拓伝道に出発する前に三日間断食をしながら、殉教精神で一九六〇年八月十六日、黒板を肩に掛けて増田勝《まさる》さんと初めて伝道に出発したのです。

西川先生が私を連れて行ってくださったのは、明治神宮外苑（東京都）でした。西川先生は、「ここはエデンの園です。アダムとエバがあの木の下で堕落していきます。みんな偽りの愛をささやいています。あの人たちを救わなくてはなりません」と言われ、私はそこで四十日間伝道することになったのです。

今振り返ってみると、不思議なことに神宮外苑に入ると私の腕ぐらいの太い蛇が現れました。私は幼い時から母親の影響を受け、蛇を見たら必ず殺してしまう習慣があったのです。そのとき私は四十四歳になっていましたが、少女時代の習慣が身についていたのか、そこに黒板を置いてその蛇の頭を棒で殴ったのです。すると蛇は、私に向かって来るのです。ぶるぶる震えながらも、何回も蛇を棒で叩き付けました。

するると多くの高校生が、「あのおばさんひどい。おばさん何で蛇を殺すんだよ。罪ではないか」と言うのです。私は「この蛇はかむから悪いのよ」と言って蛇を半殺しにして、胸をどきどきさせながら中に入ったのです。それから黒板を掛けてから男女が恋をささやいている所へ行って、「あなた方の愛は、偽りの愛です」と叫びました。すると青年が、「おばさん何を失礼なことを言うのですか！」と怒るのです。私はそこで次のように訴えました。

「この世はみんな騙《だま》し合っています。花よ、蝶《ちょう》よと言っても、この男性よりも素晴らしい人が現れたら、そちらへ行ってしまいます。この女性より美しい人が現れたら、そちらに行ってしまうのです。偽りの愛によって生まれた人間だから、永遠に一人の男性、一人の女性を愛することは難しいのです。私たちは罪人です。だから神様を信じなさい。真の愛の人間になる方法があります。真理である『原理』を聞きましょう」

するとと学生たちは面白いおばさんと思って、みな付いて来るのです。そこで講義をしようとするのですが、西川先生から三回聞いた講義もすっかり忘れていました。そこで黒板に丸を書いて、神、人、万物と書いたのです。「人間は本来なら神の子となって、神から無限の愛を受けるようになっていました。しかし人間は、堕落したため忠犬ハチ公より劣ってしまいました。忠犬ハチ公の銅像を渋谷駅前に建てて犬を称《たた》えることを見ても、人間の堕落ははっきりしています。この堕落した人間を救うために、宗教が生まれたのです。悔い改めて神様に帰らなければいけません」

このようにして、四十日間伝道したのです。み言に関心のある人がいれば、「もっと詳しく神様のことを教えてくれる先生がいます」と言って、西川先生を証《あか》ししました。三十日目くらいになると、迫害が始まりました。「ここには日本の神様がいる。こんな所でするな!」と言われたのです。私は迫害にも負けず、四十日間をやり遂げました。そして四十四日目に、私は再臨のメシヤの夢を見たのです。

私は「原理」を聞いた当時も、よく霊的現象はありました。牧師に迫害され反対された時も、男の声で「信ぜよ、信ぜよ」と聞こえてきたこともあります。四十四日目に見たのは、メシヤが私の所へやって来られる夢でした。まぶしくて私は顔を見ることができませんでした。西川先生にその夢の話をすると、「大先生の写真を見なさい」と言われましたが、目がつぶれてしまうと言って見なかったのです。

伝道活動の本格化

四十日間、神宮外苑での伝道が終わってからは、学生伝道を始めました。小河原節子さん(現、桜井夫人)、岩井裕子さん(現、神山夫人)をはじめ、多くの兄弟が伝道されてきました。西川先生は心霊的な喜びが増えたせいか、徐々に健康を快復していきました。十二、三人の兄弟が自分の財布をはたきお金を集めて、だれも借りないような汚い二階の部屋を借りて共同生活を始めました。

『原理解説』を三百冊出版したのもこのころです。西川先生が韓国語の原文を翻訳して、「総序」「創造原理」「堕落論」など、それぞれ分担を決めて日本語を整理して出版したのです。それから伝道活動が始まりました。

食事はパンの耳を食べたり、麦を炊いておにぎりを作ったり、福神漬けで食べたりしました。魚屋に行って、頭の部分や骨を「猫にやるので下さい」と言ってもらって来て食べました。八百屋に行けば、「鳥にやるから下さい」と言って大根の葉っぱをもらって来ました。貧しい食事でしたが、本当においしかったのです。

西川先生は、私たちの伝道のためベニヤ板を墨で塗って、黒板をみんなに一つずつ作ってくださいました。朝起きると七時までに礼拝をし、朝食を済ませます。兵隊も三分間で食事をしたというので、私たちもサタンに負けない兵士となるために、五分くらいで食べるようにしました。午前中は廃品回収をし、午後は伝道、夜は講義の勉強をします。

兵士は、眠らなくても国を守ったのですから、私たちも眠りを主管するようにしました。ですから統一教会に入れば、眠らなくても食べなくても、死んでもやるという気概をもって生活したのです。午前中に廃品回収をしたのですが、業者は私たちが廃品回収する姿に感心して、リヤカーを一人一人に貸してくれました。みんな分かれて廃品回収をするのですが、同じ時間に汗を流した蟻《あり》がご飯粒を運んで来るように、リヤカーを引いて戻って来ます。

西川先生は常に最高基準で、二千円くらいもうけて来ました。それぞれ得たお金を会計に預けると、西川先生は私たちを連れてそば屋に行って三十五円のそばを食べるのです。

それはいつも決まっていました。でもあの三十五円のおそばは、どうしてあれほどおいしいのでしょうか。舌にとろける甘い味でした。もっと食べたいのですが一杯で終わりでした。

その後は、百二十円をそれぞれに渡して、池袋、渋谷へとペアになって伝道に行くのです。夕方はいろいろな教会の集会へ行ったり、訪問伝道したりしました。夜は講義演習をするので、毎日がとても忙しいのです。

朝、出掛ける時などは、イエス様を中心に弟子たちがまとわりついたように、私たちも西川先生を中心として、モーセやアブラハムの話などをしながら目的地に向かうのです。電車に乗っても、天国や信仰の話を周りにはばからず話すのです。ですから電車に乗っている人はみな、聞かないふりをして聞いています。みんな肌の色は真っ黒で、目をキラキラ輝かせてすごいことを話しているのです。夜になって零時十五分に講義演習が終わると、西川先生を囲んで和動会が始まります。神の話や天国の話をするのです。みんな幼いので、愚かなたわいもないことばかりを話すのです。

西川先生は、お母さんのような立場にも立たれ私たちに乳を飲ませ、やわらかいパンを与えて、愛し育てるという時期でした。そのころ私は、「西川先生、霊界が満員になったらどうするんですか?」と尋ねました。澤浦秀夫さんは、「天国ができたら、お汁粉のお風呂に入りたいです」と言います。小河原節子さんは、「天国がきたら、お菓子の家が欲しいの。柱を取って食べてもまたすぐできるような、そのようなことができますか?」と言います。西川先生は、「できますよ」と答えるのでした。このように夜遅くまで楽しい話が続きました。

西川先生の「終末論」の講義は、とても私たちを楽しませてくれました。りんごが西瓜《すいか》みたいになるとか、隣の家へ行くのにエスカレーターで行くようになるなど、みんなに希望と夢を与え、心を満たしてくれるのです。私は「理想世界が来たら、脇から生えてくる羽で飛んでみたい」などと言うのです。

西川先生は、神の息子、娘として権威と品性をもって私たちを教育されました。西川先生は限りなく私たちを愛されました。あるときは、西川先生にだけ特別に卵焼きなどをすると怖い目をして、どうして私だけ特別にするのかと言って卵焼きをみんなに分けてしまわれるのです。

ある日、私と一緒に歩いていた時、突然、西川先生が立ち止まって「ご通行中の皆様!」と路傍伝道を始めるのです。いつ警察に捕まるかもしれない立場なのですが、私たちに模範を示してくれました。そのやり方を見て、私たちも路傍伝道をするようになったのです。初め私たちはタンバリンを持って、「勝ち鬨《どき》、いざ立て東の勇士」と歌ってから、「ご通行中の皆様！」と訴えたのです。でもなかなかその次の言葉が出て来ないので、何回も聖歌を歌い続けたこともあります。

西川先生は兄弟のことを、細かく指導しました。髪の毛をとかす櫛《くし》も、みんなで一つの櫛を使うのですから、「あとの人のことを考えてしなさい。必ず紙でふいて後の人のために置いておくのです」と、一つ一つ教えてくれました。また「神を愛する者は兄弟を愛する。だから悪い所を見たら真心から忠告しなさい。お互いに悪いことは真心から言い合いなさい」と、兄弟を愛することを教えてくれたのです。

西川先生は、自分が母親のようになったと後で言われるほど、温かく、優しく、ときには厳しく細かいところまで教育してくださいました。そのように教育を受けた後から開拓伝道が始まるのです。

名古屋の開拓伝道

一九六一年六月に入って、全国七か所で開拓伝道が始まりました。私は名古屋に決まり、ブラウス二着、スカート二着、下着二枚、それから履物一足だけで開拓伝道に出発したのです。私は韓国から日本に来た後、東京以外にはどこにも行ったこともなかったのですが、伝道師として初めて名古屋に行きました。

七月二十日、東京を出発していざ見知らぬ土地に来て、まず名古屋城に上って市内を見渡してみました。するとその名古屋市全体が、本当に死んでいるかのように見えました。今後はすべてのことを自分自身で解決しなければならないと思うと、本当に寂しく胸が詰まってきました。

開拓伝道に出発する前に、東京で約三十日間、既成教会の復興会があったのですが、そのときに私たちが路傍伝道をしたので、すでに統一教会の名前は全国に知れ渡っていました。

名古屋でも、私は白い布に「世界基督教《キリスト》統一神霊協会」という文字を書いて伝道していたので、「新しい異端が出てきた」と言ってひどい迫害をしてくるのでした。ある所に行ったときは、最初はみ言を伝えると、よく聞いてくれるのですが、後から行くと「サタンだ」と言って追い払おうとし、コップに水を入れて顔に浴びせてきたり、足げにされました。

また国籍を尋ねる人に、「私は韓国人です」と答えると、「すぐに出て行け！」と言って首をつかまれて引き出されたこともありました。そのうえ私は寝る場所がなかったので、駅のガード下や公園で寝たりしました。

そのようにしている中で、ある夜、扉の開いているある教会に入って寝ていたのですが、明け方に「主よ、来たりませ！　このすべての乱れた世を早く復帰してください」と切実に祈っている婦人に出会いました。

その傍らに行って静かに座っていると、そのかたは私を見ながら「あなたはだれですか？」と尋ねてきました。私は笑いながら、「私は天の国から来ました。とても偉大で、素晴らしい知らせを持ってきました」と言うと、その婦人は私をつかみながら、「その知らせを少し教えてほしい」と言って頼んでくるのでした。

それでそのかたに、「まず私は家がないので泊めてください」とお願いしました。その家に行くと、そこは本当に豚小屋のような番地のない家でした。そのときそこで、「その天の知らせを教えてほしい」と言うので、「原理」のみ言を大まかにまとめて語りました。ところで知ってみると、そのかたは金在任《キムジェイム》さんという霊通するおばあさんでした。

そのときからは、その家に宿所を定めました。お金がなくなったので、くず屋をおばあさんに紹介してもらいくず屋に行こうとすると、そのおばあさんが貯金通帳を出してきました。通帳を差し出しながら、おばあさんは「私がこれを持っていると、天から罰を受けるのでぜひ使ってほしい」と言うのです。

それでそれを受け取って、YMCA青年会館を一か月間、借りました。崔奉春宣教師には手紙を書いて、パンフレットを送ってくださるようにお願いし、本格的な伝道を始めるようになりました。名古屋での四十日間、迫害がたくさんありましたが、最後には勝利することができました。

その中で本当に残念だったことは、私が本当に一生懸命に伝道する中で、既成教会の一人の女性に出会ったときのことです。その女性は名古屋のひばりが丘という所に住んでおり、そこに行って講義をしました。

ある日「復活論」の講義をするため、その日も黒板を担いで訪ねて行ったのですが、その人は不在でした。その女性の母親が私に、「私はこれ以上、あなたの講義を聞きません」と書かれた紙とお金を封筒に入れて私に差し出し、母親が「申し訳ありません」と言うのでした。

私はお金をほうり投げて痛哭《つうこく》しました。そして「ひきょう者」と言って叫んだのです。当時、私は名古屋で一日に五十円のどんぶりご飯一杯と、水ぎょうざ一杯で暮らしていました。それは私自身、一日三食を食べる資格はないと考えたからでした。そのような中で、家がとても遠いにもかかわらず、私は女性一人を立てれば名古屋教会は立てられるはずだと信じて、熱心に精誠を尽くしたのでした。

私はあまりにも腹が立って、「お金をもらいに来たと思うのか！」と言いながら庭にお金をほうり投げ、「あなたはキリスト教徒なのに、なぜイエス様の悲しい心情を知ろうとしないのですか？」と言って、泣きながら出てしまいました。あまりにも悔しくて無念で、悲しみが込み上げてきて、ひばりが丘という山の中に入って行き、独りで泣きました。

このころの私の友といえば、落ちて転がっている食べ物や果物を拾って食べて生きている小さな鳥たちだけでした。そのようにして外から帰って来ては、いつも泣く生活でした。

金おばあさんの家に帰って来るときも、家に入る前には笑い顔をつくろうとするのですが、家に入ってからは泣いてしまいました。また牧師の家に訪ねて行って伝道すれば、よく追い出されました。ですからしまいには、しかたがないので「今は終末です。審判が下ります」と言って伝道をしたのです。そのように伝道する中、ある人に出会いました。

そのかたにも終末が近づいたことを話すと、「本当に、最近、テレビやラジオを聞くとそのような現象がよくあるのですが、本当にそのような気がします」と言いながら、共感する気配を見せました。

それでそのかたを一生懸命に伝道すると、そのかたが私に「親しい友人を紹介するので、そこに行ってお話ししてください」と言うので、そこを訪ねて行きました。

そこで紹介してもらった人に会い、「翌日の午前九時に、友達三人と一緒に講義を聞くという約束をしました。そこで「神様のみ言をよく聞くことができるようにしてください」と言って、一生懸命に祈祷しました。

翌朝、朝食も食べずに、黒板を担いでバスに乗りました。そして「メシヤの降臨とその再臨の必然性」を講義したのです。「イエス様の十字架は予定されたものではなく、当時の人々が責任を果たすことができなかったのでそのようになったのです」と語ると驚き関心を示したので、さらに「堕落論」を講義しました。

その中にはおばあさんが一人いたのですが、み言に感銘を受け後日、「自分の家の幼稚園を献納します」と言ってきました。その幼稚園を献納してくれた時から、急速に教会の形が整うようになりました。教会の建物ができるようになり、献金が五万円も入ってきました。その時がまさしく四十日伝道が終わる時でした。すなわち、このようにして名古屋に教会ができるようになったのです。

その当時、崔奉春宣教師は大阪におられました。私はあまりにもうれしくてこれを知らせようと大阪にいる崔宣教師に、「ナコヤ（名古屋）ノサタンノクヒ（首）オチタリ」と電報を打ちました。その電話局では、「この言葉は間違いではないのか？」と言うのでした。

名古屋教会では、竹内みつゑさんなど多くのかたが伝道されました。その後、大阪に行き伝道をしました。大阪では名古屋以上に苦労をすることとなりました。

名古屋に教会の看板を立てた松本道子さん（右から3番目が本人、左から松本静永さん、竹内みつゑさん、1961年9月）

大阪での開拓伝道

大阪に到着してからも、まず大阪にある既成教会にいる一流の人々を全員、訪ねて行きました。「クリスチャンセンター」には毎月曜日に、神学博士、各派の牧師、神父、そのような人ばかりが集まります。月曜日の早朝祈祷会が終わると、和動会があります。そして新しい人が来るたびに、自分の所属教会と自分の名前を紹介するのです。

私はそこで「私は、世界基督教統一神霊協会（統一教会）の松本道子です」と紹介しました。すると拍手が、少ししか出ませんでした。拍手をしたのは、私が統一教会の信者であることを知らない人だけだったのです。クリスチャンセンターでの早朝祈祷会の祈祷は、毎週、交替して行います。ある日、私が祈る順番に当たりました。

それで一生懸命に祈祷をすると、ある牧師が「あなたは、どうしてそのように説教をするのですか？」と言うのでした。私は、その言葉を聞いて笑いながら、「私は天の父に対して祈祷をしたのですが、あなたにはそれが説教に聞こえたのですか？」と言いました。するとその牧師は、私を睨みつけて行ってしまいましたが、そのときからすべての牧師が、私に注目するようになりました。そのように大阪では、私が先頭に立って継続してクリスチャンセンターで伝道をしました。

そのため既成教会の人は、ほとんどが私を知っていました。そのようにして伝道をすると、その人たちが「あなたは一体、何ですか？　気の狂った人のように、浮浪者のようにひどい服を着て、乞食ではないですか？」と言われました。

そのとき私は、「私は、イエス・キリストゆえに狂いました。なぜ、あなたがたは狂わないのですか？」と言うと、ほかの人は、非常に苦しい表情をするのでした。しかし私がたとえ言葉はそのように言ったとしても、笑いながら対しました。彼らが、腹を立てれば立てるほど、さらに笑いながら話しました。

昔は人が一言言えば、二言言い返し、一発叩けば二、三発叩き返すような気質でしたが、そのころはもう、むしろ反対の気質になっていました。そのようにして四年間、一度も欠かさずにクリスチャンセンターに通いました。一度始めれば、最後まで変わらないということを見せてあげるためだったのです。

既成教会の人たちが大勢、私たちの教会の礼拝に参加したことがありました。礼拝に参加したあと、その人たちは、統一教会に人がたくさん集まっていることを知って嫉妬するようになり、私たちをクリスチャンセンターから追い出そうという話まで出てきたのです。

あるとき私は、ある教会の牧師たちから呼び出されました。それで私は、すべてのことを天にゆだねて訪ねて行くと「あなたは何者で、私たちの幼い羊たちを奪って行くのか？」

と詰問されたのです。

それで私は「さあ！　静かに座って、お話ししましょう。私は今、天のみ言を持って来たのですが、天では『まず、キリスト教徒たちにみ言を伝えなさい』と、おっしゃいました。それで私は、天の啓示によってこのようなみ言を伝播《でんぱ》しているのですが、天の使徒であるあなたがたが『やめなさい』と言うのであれば、私は一体だれの言葉に従えばよいのですか？」と尋ねました。

私がこのように言うので、集まった大部分の牧師たちは黙っていたのですが、ある教会の牧師だけは怒りをあらわにしながら私を見て、「非良心的な人間だ」と言いました。

それで私は、「なぜ、そのような非良心的な私に、人々がついて来て、良心的なあなたにはついて来ないのですか？」と尋ねました。それから「なぜ一般の人ではなく、私たちの教会員ばかり伝道するのか？」と問われるので、「私たちは一般の人たちにもしますが、天が『先に新しいみ言をキリスト教徒に伝えるように』と言われるので、そのようにクリスチャンを先に伝道しているのです」と言うと、彼らは口をつぐんでしまったのです。

また次のようなことがありました。私が話をしていると、ちょうどそこで私の話を聞いて私たちを最も憎んでいた人が走って来て叫びました。

「この人の話を聞いてはいけません。この人は羊を盗んでいくどろぼうであり、ひどい異端者です。絶対にこの人の話を聞いてはいけません」。関西のある大学のかたであり、神学博士であり、大阪で最も大きい教会の牧師として尊敬されているその人が、このように言うのです。

そのとき私も、四年間も我慢して我慢してきた怒りを爆発させました。そのときそこで、どのような言葉が出てきたのかというと、「このクソジジイ！　クソオヤジ！　黙ってろ！」というものでした。私がそのような叫び声を上げると、その人は驚いてそのまま長いすに座り込んでしまいました。

それでまた、私が何と言ったのかというと「あなたの目を見ると、統一教会に対する憎悪でいっぱいです。聖書を見れば、『怨讐《おんしゅう》を愛するように』とあり、『右の頰《ほお》を打たれれば、左の頰も差し出すように』とあるのに、また『怨讐のために祈祷しなさい』とあるのに、あなたの顔は憎悪に満ちているので、一度、顔を見てください。あなたの心の中には、サタンが入っています。鏡を見てください」と言いました。

するとその人は、「あなたは狂っています。道端でこれ以上、キリスト教徒の恥の上塗りをしないでください」と言いました。それで私は、「私たちは神様のために、イエス様

大阪開拓伝道時代の松本道子さん（右端）と周藤健氏と周藤薫代さん（1962年10月）

のためにみな、狂っているのに、あなたがたはなぜ狂っていないのですか？　あなたがたはなぜ殉教の精神をすべて失ってしまっているのですか？　なぜそのようにゆったりと座っているのですか？」と続けて攻撃しました。

するど最後にこの牧師は、「野良犬のような朝鮮人。文鮮明をメシヤだと信じているではないか？」と言うのです。それでまた、このように答えました。

「それでは、イエス様は田舎の大工だったではないですか？　そしてイエス様の時にも、博士や祭司長たちがイエス様を信じていたのですか？　またその時、イエス様がそのような卑しい大工として路傍伝道をしたのですが、だれが聞きましたか？　大工の息子である彼を、だれがメシヤとして信じましたか?」

このように話すと、「もう分かりました」と降伏したのです。私はその牧師に、「今から統一教会は、必ず繁栄していき、あなたも長生きしてそれを見なければなりません。先ほど私が『クソオヤジ』と言ったことは、私の本心から出た言葉ではないので、謝ります。あなたが、イエス様を愛しているのなら、そのイエス様には怨讐がないので、私たちにも怨讐があってはいけません」と言いながら、しっかりと互いに握手をしました。そのような中で、五年間の大阪での開拓を終えたのです。

日本統一教会の草創期の思い出

桜井節子

一九六〇年九月　入教
四十三双
トルコ共和国国家的メシヤ

統一教会に導かれて

私は一九六〇年九月、大学二年生のとき松本道子先生（通称、松本ママ）に導かれ、統一教会に入教しました。私は群馬県の安中というクリスチャンの多い町に生まれ、私の家も曾《そう》祖父母、祖父母の代からキリスト教の信徒でした。

私は幼いころから日曜学校に通い教会に親しんで育ちましたが、それでも当時の私は神様についてまったく分かっていませんでした。大学時代になって真剣に求道生活を始めたころ、統一教会に導かれたのでした。

当時は、まだ日韓の国交が回復していなかったので、韓国から日本にみ言《ことば》を宣べ伝えようとしても、正規のルートでは入国することはできません。日本に最初にみ言を伝えてくださった西川勝《まさる》先生（韓国名、崔奉春《チエボンチユン》宣教師）は、一時は囚《とら》われの身となり、そこから逃れて追われる立場にありながらみ言を宣べ伝えてくださり、一九五九年十月二日に日本統一教会を創立されました。

私が導かれたのは、その一年後ぐらいのときでした。当時はまだ一般の人々にはみ言を宣べ伝えず、おのずから伝道対象はクリスチャンたちに向けられていました。今のような修練会というものはなく、西川先生が来教者に一通り「聖書原理」として原理講義をしておられたのです。今私たちが聞いている「主の路程」という真《まこと》の父母様に関する特別講義もなく、「再臨論」で終わりでした。

しかしクリスチャンたちにとっては、このみ言は革命的な力を持っており、聞き進むにつれ夢を見たり啓示を受けたりするようになります。そのような受講者の状況に応じて、西川先生は真の父母様の証《あか》しをしておられたようです。しかし私には、幸か不幸か、夢も啓示もまったくありませんでしたので、一通り「原理」を聴き終えても、なお一か月くらい、真のお父様のことも再臨それ自体についても、何も証かされないままに過ぎていました。

そんなある日のこと、松本ママの家に初めて宿泊したことがありました。私は「再臨論」を聴いたとき、「主が来られたのは韓国ではなかろうか」と思ったのですが、口には出しませんでした。それでその晩何気なく、「ねえ松本さん、主は韓国にいらっしゃるのでしょう？」と尋ねると、松本ママは跳び上がらんばかりに驚き、「お嬢さん、よく分かりました。そのことが分かれば、もうあなたに何も秘密はありません」と言われて語り始めました。

それからの時間は、韓民族がどのような民族性を持ち、どのような歴史をたどってきたか、さらに韓民族は唯一神を拝し、クリスチャンの多い白衣の民族であるとか、昔から『鄭鑑録』などメシヤ的人物が韓国に現れるという予言書がある等々、また福音書やヨハネの黙示録に韓国動乱（朝鮮戦争）の預言があることなど、一気に話してくださいました。それまで私の周囲には韓国の人はいなかったので、韓国に対してはまったくの白紙であり、それらのお話はすんなりと私の心に入ってきたのです。

翌日、西川先生の所に行くと、先生はにこにこされながら韓国語版の聖歌を取り出して来られました。先生はそれまでよく、「黙示録にあるように私たちは新しい歌を歌うのです。みんないい歌ですよ」とおっしゃって、「東の勇士」や「復帰の心情」などの聖歌を歌ってくださるのですが、妙な歌詞付けと、ところどころ不思議なこぶしをつけて歌ったりするので、私は内心いつも「変な歌……」と思っていました。

私は大学では合唱団に入っていたので、この教会はみ言はこれほど素晴らしいのに、音楽性や芸術的センスはどうなっているのだろうかといぶかり、何度か西川先生に「楽譜はありませんか？」と尋ねたのですが、いつも先生ははっきりとした返事をなさらなかったのです。

ところが楽譜はあったのです。主は韓国に来られたという秘密を私が知るまで、西川先生はこんなにも慎重に導いてくださっていたことに初めて気がつきました。そして私に、「あなたは楽譜が分かるでしょう？　日本語に翻訳してあるのでこれを楽譜に当てはめて日本語で歌えるようにしてください」と言われました。ですから古い聖歌の大半は、私が聖歌に日本語で歌詞付けをしたのです。

こうして私は、教会に入教する決意を固め、松本ママの家から通学、通教するようになりました。当時はまだ、一人が伝道され、食口《シック》として復帰されていくことが、とても難しい時代でした。そのうえ教会はとても貧しかったのです。

西川先生は印刷のアルバイトをされながら、み言を宣べ伝えておられました。そのアルバイトも、既成教会の週報を印刷するくらいの仕事しかなかったので、やがて機械も壊れたのかほとんど入金も途絶えるようになりました。西川先生から言われて、夕食を作ろうと引き出しを開けてみても、十円か十五円しか入っておらず食事のない日が増え、松本ママが伝道に行ってもらったお茶菓子を夕食代わりにみんなで分けて食べたりしました。

松本ママも病気上がりの未亡人で、間もなく献身的に歩むことを決意したもう一人の婦人もクリスチャンの未亡人、あとは私のような学生たちばかりで経済基盤を持った人はいませんでした。それでも西川先生は、伝道を最優先され「まず神の国と神の義とを求めなさい。そうすれば、これらのものは、すべて添えて与えられるであろう」（マタイによる福音書第六章33節）の聖句を実践する生活でした。

待ちに待ったアパートでの共同生活

やがて寒い季節を迎えるようになりましたが、みすぼらしい西川先生の事務所にはストーブ一つなく、小さな練炭コンロを囲んでの生活でした。そのような状況下にあっても、伝道に燃える西川先生のお話や生活は、私たちに希望と力を与え寒さもひもじさも全然気にもなりませんでした。

そんな私たちにとってたっての願いは、みんなで一緒に住む部屋が欲しいということだけでした。神の子たちは、やはり一緒に住むべきであり、やるべき仕事が山ほどあるからです。そのような夢が実現したのは、その年（一九六〇年）の大晦日《おおみそか》のことでした。

一人の韓国の婦人が、四畳半一間に小さな台所がついているだけのアパートの一部屋を

アパートでの共同生活の始まり（前列右端が筆者、1961年）

統和社から移ったアパートの一室（東京都新宿区西五軒町で）

提供してくださったのです。初めはお正月の期間だけ、この部屋で生活しましょうということだったので、皆手荷物だけ持って集まったのです。その日、そのアパートに集まったのは確か七人の兄弟姉妹たちで、西川先生を中心に小さなこたつを囲みました。そんな貧しい生活の中で、さらに一か月ほど前から『原理解説』を出版するために全力投入してきた私たちは、明日お正月だというのに懐は空っぽで、その日の晩御飯を食べるお金もありませんでした。

しかし帰る時間を気にしなくていい、きょうは存分に語り明かせると思うと嬉《うれ》しさでいっぱいでした。除夜の鐘とともに祈りで年越しをし、その後、明け方まで語り明かしました。イエス様や聖書のお話、西川先生の体験談などをお聞きしながら皆の心が高揚し、ピンク色に高潮した顔で互いに目と目が合うたびに、にこっとほほえみ合いました。

そうなるとお腹《なか》も空かなければ眠気も感じず、世の中に私たちほど幸せな者たちはいないという思いに満たされました。しかしお金はまったくないので、新年早々うちそろって断食だということで皆覚悟していたのです。ところが、元日の朝、アパートを提供してくださった婦人が、たくさんの食料を持って訪問してくださり、思いがけず美味《おい》しいお雑煮を頂くことができたのでした。

「なんだ、神様は半日も私たちをお見捨てにならないじゃないか」と皆口々に喜んで、神様の恩恵に心から感謝したのです。私たちがあまりにも喜んで生活しているので、初めはお正月の期間だけということでお借りしたそのアパートは、それ以後もそのまま使用できるようになりました。

アパートを提供してくださり、元旦に食料を持って訪問してくださった婦人の名前は、姜淳愛《カンスネエ》先生です。日本語も英語も堪能《たんのう》な美しい婦人で、当時息子さんが日本に留学しておられました。私たちは初め夫からの迫害を避けて、息子さんのいる日本で過ごしておられるとばかり思っていましたが、後日、姜先生の日本滞在の目的が分かったのです。

それは、その数か月後に予定されていた三十六家庭の祝福に、西川先生を参加させるために真のお父様から遣わされていた方だったのです。私たちに提供されたアパートは、姜先生の息子さんが使っておられた部屋で、彼が正月休みを韓国で過ごすその期間だけのつもりで提供されたのですが、あまりにも喜んでいる私たちを見て、息子さんは別のアパートに引っ越し、そのアパートはそのまま約半年間、私たちの活動拠点となったのでした。

姜先生は、日本が最も厳しかった草創期における約九か月間を日本で過ごされ、裕福で何不自由ない家庭の奥様でいらした方が、教会を支えるために都内の知り合いの旅館で働かれ、綺麗《きれい》だった両手があかぎれだらけになったのを覚えています。

当時そんな貧しい生活の中でも、私たちは映画などをよく見に行きました。米櫃《こめびつ》が空っぽであろうと、すべてにおいて足りないずくめの生活であろうと、少しでも入金があると西川先生は全員を新宿の百円映画館に連れて行ってくださったのです。人類歴史を象徴するような善と悪とが闘い、最後に善が勝利するといった筋書きの戦争映画や西部劇、スパイ映画などを通して私たちの志気を大いに鼓舞してくださったのです。

「原理」を知った私たちは、何を見ても原理的な観点に立って見詰めるので、映画一つ見てもたくさんの教訓を得ることができました。当時はまだあった「五十円ハウス」などで、映画を見終わってから五十円のカレーライスやお汁粉などをすれば全身に力が漲《みなぎ》り、「頑張りましょう！」と互いに声を掛け合い、大いに心霊を復興することができたのです。

伝道の始まり

西川先生は追われる立場で伝道しておられたので、何よりも自身の代わりに教会に責任を持つことのできる人物を探していました。そのようなとき、日本橋バプテスト教会の青年たち数名が入教してきました。中心格の男性とそのフィアンセは、全国大学弁論大会で一位と二位を取った優秀な方たちだったので、西川先生の彼らに対する期待は大きなものでした。

朝な夕なに彼らを特別に愛され訓練していましたが、一か月後、韓国の牧師から聞いた統一教会についての悪いうわさによって、彼らは手のひらを返したように変わり全員教会を離れて行きました。そのショックは大きなものがありましたが、西川先生は私たちを奮い立たせ、さらに徹底して伝道を行うため都内三か所における路傍伝道を開始したのです。「救いとは、人間始祖の堕落により始まった罪悪世界を創造本然世界に復帰して、神の天宙創造理想を実現する事である」と書いたのぼりを立て、新宿、御茶ノ水、有楽町の三か所で、夕方の通勤時間に合わせて路傍説教を行ったのでした。

また来る日も来る日も教会の牧師をはじめ、キリスト教の指導者たちを訪問して回りました。しかし皆、若い私たちの話になかなか耳を傾けてはくれず、冷たくあしらわれるのが普通でした。そのような中でも私たちが力を落とさず、常に明るく楽しく幸福感に満ち溢《あふ》れて生活することができたのは、幼い私たちを親のような立場で見守り育《はぐく》んでくださった西川先生の大きな愛があったからです。

私たちが伝道に行き、反対を受け攻撃されて帰ってきたときなどは、西川先生は自分のことのように義憤にかられ、み言で一つ一つ整理してくださりながら、常に幼い私たちの味方になってくださいました。深刻な内容も底抜けのユーモアで吹き飛ばしてしまわれるので、私たちにとっても「きょうの苦労はきょう一日で足れり」という雰囲気になり、翌日からはまた元気いっぱいに出発していくことができました。また西川先生は、朝に夕に北西の方向に向かって恭しく真の父母様に敬拝をささげられました。

忘れられない思い出

そうこうするうちに四月を迎えたものの、いつまでもこのような貧しい生活をしていては伝道がはかどりません。立派な活版印刷の本やパンフレットも作り、もっと合理的な伝道を考えようとして全員でアルバイトをすることになりました。

会社勤務などして終日、時間を奪われたくないし、それなりにお金にもなり、いろいろな人々に出会うことができ、若い世間知らずの私たちにとって訓練になる仕事ということで選んだのが廃品回収でした。それも午前中だけ全員で参加し、午後からの時間は全面的に伝道に充てました。

朝七時にアパートを出発し、しきり屋のある両国まで行って、もんぺに着替えリヤカーの準備をし、仕事に着手するのが午前八時でした。それからみっちり三時間半働き、十一時半にしきりをしてお金を頂き、着替えを済ませてそのすぐ近くにあった美味しいおそば屋さんに全員集合しました。そこで一杯三十円の焼きそばの昼食を取るというのが毎日の日課となったのです。

三時間半の働きで、おそらくベテランのくず屋さんの一日分以上の額を復帰したように思います。なぜなら、当時の私たちには希望があり、私たちの流す汗と涙が神の国実現の礎を築くことができるのだと思うと、心は喜びと誇らしさでいっぱいだったからです。

午後からは、西川先生がアパートに帰られ、私たちが伝道して連れて行く人々に原理講義をしてくださいました。聴講者がいない日は、先生がときどき夕食を作って私たちを待っていてくださいました。そのころの食事は、一つの鍋に魚や野菜を一緒に入れ、ぐつぐつ煮てそれをみんなでつついて食べました。これを称して「統一鍋」と言っていました。

食べるものすべてが美味しく、みな栄養分になるのか、やがて私たちの顔が皆まん丸くなっていきました。廃品回収を行うようになってからは、もうお腹の空く日はなくなり、わずか二、三か月でお金を貯めて、二つの部屋がある一戸建ての家に引っ越して行くようになるのですが、この飯田橋駅から徒歩六、七分の所にあった四畳半一間のアパートに、七、八人が生活した約六か月間にわたる生活は、語り尽くせないほどの楽しい思い出がたくさん詰まっています。

一九六一年五月十五日、韓国時間に合わせてこの四畳半の狭い部屋に食口たちがすし詰めになって、三十六家庭（三十三家庭）の祝福式が厳かに挙行されました。西川先生はその三十六家庭の一家庭として、夫人の申美植《シンミシク》先生と日本と韓国に別々におられながら歴史的な祝福結婚式を挙げられたのです。

日本伝道初期に導かれた私たちは、修練会など何もありませんでしたが、この小さなアパートの一部屋で朝から晩まで、西川先生を中心にみ旨一筋に活動した生活そのものが、修練会のような日々であったと思うのです。

見るべきものも何もない、経済的にも極度に窮乏した日々であり、伝道してもなかなか受け入れてもらえない、そんな当時の厳しい環境の中で、私たちがあれほど希望に燃えて喜々として活動することができたのは、文字どおり血と汗と涙を流し、命懸けで日本教会を興してくださった西川先生の愛と犠牲ゆえであったことは言うまでもありません。

そしてさらに、ひと度この罪深い国を「エバ国（母の国）」に定められたがゆえに、いかなる国や民族にも増して常に思いを馳せてくださり、この国に一人、二人と誕生していく食口たち一人一人を覚え、絶えざる祈りと熱き心情を注ぎ続けてくださった真の父母様の愛ゆえに、かくも導かれていた日本教会であったのだと、今つくづく思うのです。

開拓伝道の始まり

当時、私たちの伝道対象者はまずクリスチャンたちでした。毎日教会を訪問したり、信徒名簿の中から影響力のある著名な人々を選んで伝道に行っていました。一般の人々に対する伝道は、夕方の路傍伝道の時だけでした。しかし、そのような街頭からも当時クリスチャンの自民党議員が導かれ、三回ほど西川勝先生の講義を受講されたこともありました。

思い出深いのは、その年（一九六一年）の三月から四月にかけて、東京体育館において四十日間連続で開催されたキリスト教会共同主催の「美しい音楽と素晴らしいメッセージの夕べ」という大クルセードの会場前で、大々的に活動したことです。

「すべてを知って実現する時が来た。科学的論理的実証的理論に耳を傾けよ」というパンフを手渡しながら、積極的にクリスチャンたちに呼びかけたのです。おそらく彼らの目には、二十名くらいのメンバーが活動しているかのように映ったかもしれませんが、実際は五、六名の食口たちで行ったことでした。しかし目に見える成果は特にありませんでした。

やがて六月を迎え、飯田橋にあった四畳半一間のアパートから待望の一戸建て住宅（とはいえ二間だけの殺風景な家）に引っ越した直後、いよいよ地方への開拓伝道が開始されたのです。最初は大阪、京都、名古屋、広島、仙台などの主だった都市に、開拓伝道者が派遣されることになりました。六月中旬に増田勝《まさる》兄が大阪に、七月初旬に私が京都に、そして下旬には松本道子ママが名古屋にという具合に順番に出発して行きました。

当時の開拓伝道は韓国における伝統をそのまま引き継ぎ、単身で四十日という限られた期間に三人以上の霊の子女たちを伝道し、その地に神様が働く基台を造成するというものでした。その際、教会から支給されるのはその町に行くための片道切符と千円だけでした。聖書と『原理解説』とごくわずかの着替えを持参して、まだ新幹線もなかった当時、私たちの出発は決まって東京駅発の真夜中の鈍行でした。関西などへも十時間以上もかかって到着したものでした。

開拓者が出発する夜は、西川先生はじめ全食口が東京駅のホームまで見送り、人目もはばからず聖歌を歌い祈祷し、一人一人と固い握手を交わして列車に乗り込みました。見えなくなるまで手を振り合い、座席に戻った後は一人涙の祈祷をささげるのみでした。とにかく二、三日先の自分がどこで何をしているのか見当もつかない、あたかも戦場に赴く兵士さながらの出発でした。

その年、そのように出発した開拓者たちによって三、四か所に拠点が築かれ、その翌年はその倍の十か所くらいに開拓伝道者が派遣されて行きました。そうして、そこから一人、二人と伝道されたメンバーが本部に集められ、少しずつ食口たちが増えていきました。

やがて一九六二年の夏、故久保木修己先生が伝道されてからは爆発的に人材復帰が進むようになり、定期的な特別修練会も開催されるようになって、着実に教勢は広がっていきました。

私は一九六三年三月に、第一期特別修練会が開始されるまで地方で開拓伝道をし、修練会が始まってからは本部に上がり、当時復帰されたばかりの周藤健講師と共に原理講義を担当するようになったのです。特修以外の時は、新宿御苑の真ん前にあった白鳥ビル原理講義所で、一日十二時間以上にわたる、入門者のための原理講義に明け暮れる日々でした。

以後、教育畑で奉仕することが多かった私にとって、実際に開拓伝道に取り組めたのはたったの三か所だけでしたが、そのいずれもが忘れがたい貴重な思い出になっています。松本道子ママのように立派な実績は何一つ残すことのできなかった私でしたが、二十代を過ぎたばかりの何も分からない世間知らずの私が、伝道活動を通じて教えられ悟らせられ、育てられていった道のりであったと思うのです。

さまざまな出来事を通して人間の弱さ醜さといったものを思い知らされ、このような存在を救済しようとされたイエス様をはじめとする義人、聖人たちの心情、そして何よりもそのような長い人類救済のための歴史路程を耐え忍んで来られた神様のお心に触れることができたのです。それによって自分のことしか考えられなかったわがままな自分自身が、少しずつ変えられていった、何ものにも代えがたい天の恩恵溢れる訓練期間であったと思うのです。

広島開拓伝道の思い出

そのような中でも、一九六二年八月からの七か月間、たった一人で過ごした広島開拓伝道の思い出は、自ら限界状況に追い込まれながら、神様によって生き残り、自分自身を大きくつくり変えることのできた忘れられない日々となったのです。その期間の出来事を少し記してみたいと思います。

前年の京都に続いて二度目の開拓伝道でしたので、その体験を踏まえて出足はすこぶる好調でした。八月四日早朝、広島駅に降り立ち、市内を見下ろせる比治山に登り、被爆後十七年目を迎えていた市内を眺めながら、ひとしきり祈祷した後、さっそく下宿を探して歩きました。

広島駅から北方に広がる開拓部落の一軒に空部屋があると聞き、見に行くと家主さんが「離れ」だというその部屋は、窓のない一坪くらいの大きさの天井の低いほとんど物置同然の小屋でした。しかし、専用の出入り口がついていて、当時でも安価な七百円という家賃が気に入って、さっそくそこを借りて手荷物を運び入れました。

その日の午後から伝道を開始したのです。京都の宗教者たちから紹介された方々を訪ね、間もなく開催される「世界宗教者平和会議」参加の資格を頂き、六日の被爆記念日に開催されたその会議では、何名かの先生方とも知り合いになることができました。

しかし、やっぱりクリスチャン伝道をするために月曜日の朝祷会に参加してみました。市内の主な牧師さんや信徒たち三十名くらいが、朝食を共にしながら広島の救いのために祈り合うのです。その日東京から一人開拓伝道にやって来た若い私に、皆の関心が集まりました。そして、次週の説教は何と私にやってほしいということになったのです。

思いがけないチャンスが与えられ、次週私が行ったのは「神の愛」というテーマの二十分くらいの短い説教でした。でも皆、口々に「とても分かりやすくて良かった」と感想を述べてくださり、工場を経営しておられるある長老さんは、「是非職場の朝礼に来てお話ししてほしい」と言い、また別の方は「毎日でもいい、自分に聖書の手ほどきをしてくれまいか」と依頼してきました。私は二つ返事で承諾し、その翌日から郵便局長さんをしておられるその方のお宅を訪問して、朝の一時間、聖書を解読するための勉強会として、さっそく原理講義を開始したのです。

また、前年四十日間だけ開拓伝道に来た兄弟が残していった名簿をもとに、広島大学の聖書研究会の学生たち数名を訪問してみると、彼らも皆講義を聞いてくれるというのです。私はいつも小さな黒板を携帯し、彼らの下宿先でそれを用いて講義をしたり、時には広島公園の涼しい緑の木陰で黒板講義をしたものでした。さらにある教会で出会ったクリスチャンの婦人が講義を聞いてくださることになり、そのお宅を訪問すると同じ教会の婦人三、四名が一緒に受講したいと待っていてくださいました。

十数日過ぎるころには、何と十一、十二名の人々が講義を聞いていたのです。このような調子でいくならば、四十日どころか三十日くらいで教会の礎を築くことができるのではと元気いっぱい歩んでいたのです。

しかし、神様はそのような順風満帆の道を私にお与えにはなりませんでした。保守的な地方の都市のことです。私がいろいろな教会で信徒たちを伝道しているといううわさが、すでに市内の他の教会に言いふらされていたのです。新しい教会を訪問すると「ああ、あなたですか！　東京からやって来て、異端の教えを流し信徒たちを惑わすのは。うちは結構です！」とけんもほろろな応対で、どこへ行っても私の歩みはことごとく閉ざされるようになっていったのです。

あれほど熱心に原理講義を聞いて感動し、「今の教会は力がなさ過ぎます。すべてのクリスチャンこそこのみ言を聞くべきです」と燃えていた婦人たちまで、所属教会の牧師さんから「統一原理の教えを信奉するなら教会を除名する」と言い渡されて、変わっていきました。「このみ言は素晴らしいので必ず広がって行くでしょう。申し訳ないけれど、私はその時まで表立った行動はさし控えて、いたずらに波風を起こさないほうがいいと思うのです」などと言い出して、一人去り、二人去り、全員がくびすを返してしまったのです。

聖書研究会の学生たちも教会からの影響なのか、あれほど興味を持って学んでいたのに急に受講を断ってきたり、最後まで講義したのに「しばらく考えさせてほしい」と言い出し、四十日が終わりに近づくころには何とそれら十数名の人々が、総倒れとなってしまったのです。信じられないことでした。

「人間って、こんなに弱いものだろうか……」あのように喜び燃えていた人々が、少しばかり風が吹きつけただけで、こんなにももろく簡単に崩れ落ちてしまうものなのだろうか。あまりのショックに、私自身の心の中も何かが音を立てて崩れ落ちていくような思いでした。

召命した人々が、皆失敗して去った時、神様もこのような恐ろしい空虚感を味わわれたのかと思うと、道を歩きながらも涙がこぼれました。これくらいのことでくじけてはならないと自分に言い聞かせながら訪問を続けましたが、それからというもの、歩いても歩いても善い人に巡り合うことができませんでした。

クリスチャンたちがあまりに難しいので、夏に出会った宗教者の先生方を次々に訪問することにしました。クリスチャンたちのように冷たくあしらわれることはありませんでしたが、壇上であれほど立派なお話をされる方々であっても、なぜか現実の活動になると熱意を示されず「偉いですね。ともかく頑張ってください」と感心して送り出してくれるだけでした。「天国実現、問題ではない！」というものの、伝えたくても誰もみ言に耳を傾けてくれず、お腹も懐も空っぽな日々が続いたりすると、いつの間にか弱気になりふっと溜《た》め息が漏れたりしました。その都度、もう一人の私が自らを諌《いさ》めるのです。「お前はこの町に旅行に来たわけではない。楽しみやレジャーを求めてやって来たわけでもない。初めからこの町の重荷を担い、この町に天国を築くために汗と涙を流しに来たはずではなかったのか。弱音を吐くな！」。

こう自らに言い聞かせながら、伝道に励みました。しかし、なかなかみ言を求める人に出会うことができません。信徒名簿を調べて新しい人々を訪問するには、やっぱり交通費が必要です。そのころになって生まれて初めて質屋の門をくぐったり、血液銀行にも三度くらい通いました。

その日暮らしのために自分の血を売りながら生活している顔色の悪い人々の列に加わりながら、実力がないばっかりにこんな所に通わなければならない自分が何とも惨めに思えました。そのころ大阪で活躍する松本ママの華々しいニュースなどが伝わってきたりする度に、こんな惨めな自分を見詰めておられる神様に申し訳ない思いでいっぱいでした。

伝道を通して出会った神様

そんなある日、かつて喜んでみ言を受講してくださった婦人に町中でばったり出会いました。懐かしさに思わず駆け寄って声をかけると、私と話すのを他の人に見られまいとするかのようにこそこそ逃げるのです。まざまざと人間の弱さを知らされる思いでした。「人間なんて信じられない」そう思うと、新しい人に出会い話しかけながらも「この人もいつ変わってしまうかもしれない」という不安や不信の思いを感ずるようになりました。

また、夏以来一日も欠かすことなく訴え続けてきた路傍伝道にも、そのころになると足を止めてくれる人もいなくなり、そのような自分が悲しいと思いつつも、心に愛が冷えていくのをどうすることもできませんでした。

目抜き通りにある大きなデパートの前での路傍伝道を終えて、賑《にぎ》やかな繁華街を歩きながら、前や後ろにおしゃれをして楽しそうに通り過ぎて行くＯＬや人々を見詰めながら、言いようのない孤独感に襲われました。「ああ、私はこの町でひとりぼっちだ。私には行く所も帰る所もない。私はこの町に福音を宣べ伝えに来たのに、誰も私を振り向かない。

この町もこの人々も、私にとっては異邦の町であり異邦の人々なのか」そう思うと寂しさがひしひしと心にこたえました。

「一人でもいい、美しい真実な人に出会いたい！」。この時ほど、そういう思いに駆られたことはありませんでした。今、目の前にそのような人が現れたなら自分は存分に愛せるだろうと思いました。

みんな神様を知らず、罪の中にうごめいているのです。この町に真実の義人はいないのだろうか。そう思った時でした。「義人なし、一人だになし……」聖書のみ言が私の心を刺し貫いたのです。

ああ天の父ご自身が、今まで真実の人を求めて飢え渇いておられたのです。ご自身が見いだされ愛されなかった以上に、全き愛の根源であられるお方が真に愛することのできる対象を見いだし得なかったその寂しさは、どれほどのものだったのでしょうか？　今更のように神様の悲しいご心情が身に染みて感じさせられました。

そのように、来る日も来る日も神様を知らず自分本意に生きる人々ばかりを見るにつけ、当時まだ一握りにも満たない小さな群れでしかない教会の兄弟姉妹がむしょうに恋しく、どんなに欠点だらけで幼かろうともみ旨のためにすべてをささげて生きているその姿があまりにも尊く美しく、大声で呼んでみたいほどの衝動に駆られました。

しかし、それからはさらに厳しい試練の日々となったのです。一日中足を棒にして歩いても、善い人に巡り合うことができず、何の収穫もないあたかも一人広漠とした荒野を行くがごとき日々が続きました。心は渇きやがて神様すら、このような自分から遠のいてしまわれたように思える日がありました。

何を見ても次第に無感覚、無感動になり、「お父さま！」と呼びかける祈りさえ虚《むな》しく空に響くようで力のこもらないお祈りになりました。もはや神様に祈るというより、自分自身に言い聞かせるように、来る日も来る日も同じ祈りの口上を繰り返しました。

「天のお父様。あなたの道を歩んだ多くの人々が途中で脱落していきましたが、彼らがどういう時にあなたを裏切り、み前を去って行ったか私には分かるような気がいたします。しかしいったんあなたのみ前に捧げたこの娘の心は、すでにあなたのものです。サタンが今、私を襲い、たとえ全心情、全感覚を奪い取っているとしても、ひと度み前に誓った私の誓いはすでにあなたのものです。誓いを翻し、あなたを裏切るような卑怯《ひきょう》な者にはなりません……」。

どのくらいの期間だったでしょうか。このようにして祈ったこの期間こそ、私にとっては最もつらく難しい荒野の試練の時であったと思うのです。正直言って、救いも天国も教会建設も、どうでもいいような気持ちになっていました。しかし一点だけ「原理」のみ言が、私の心に引っ掛かっていたのです。

私たちがこの道を歩む際、最も難しい試練は天から見捨てられるその時なのだと、いつも西川先生が語っておられたのです。最初の人アダムが神を捨てて堕落したため、人間救済の道においても神はひと度人間を見捨てざるを得ないような立場、すなわち神も干渉し得ないある段階があるのだという箇所でした。今まさにそのような段階に、自分自身が立たされているような気がしたのです。

そうであるとしたら、何が何でも乗り越えねばならない、そういう思いだけが心に残っていました。そういう状況下にあっても毎日機械のように出かけ、訪問して歩きました。そんなある日のこと、北欧から来られた二人の美しい女性宣教師が牧会している教会に導かれました。

最初は心から歓迎を受け、共に祈り合ったりもしていました。ところが、やがてその教会で信仰に行き詰まりを来たしていた一人の若い姉妹に、私が原理講義を始めたことから急に亀裂が生じ、二人から呼び出しを受け、とうてい主にある信仰者とは考えられないほどにひどく罵《ののし》られたことがありました。

彼らの憤りが分からなくはありませんが、現にあれほど悩んでいた姉妹が信仰を深めることができたのですから、み旨ということを考えるなら理解し合える問題であったと思うのです。しかし、受け入れてもらえず、教会を出るともうすでにとっぷりと日は暮れていました。あまりのことに涙がとめどなく流れました。

罵しられたことが悲しいのではなく、神様のために海を越えて宣教のために命懸けで取り組んでおられる方々の内実が、天のみ意《こころ》はおろか神様のみ名が汚されようが信徒たちが迷い出ていようが、それ以上に自分たちの信徒数が減ることを問題にしていたことが悲しかったのです。

み旨のために生きると言いながら、人間たちはあまりに自分本位であり、今日まで神様のみ意を行うために命懸けで伝道した人々も、その多くは神様のことを思うより天国における自らの栄光を目指していたのではなかろうか。み名を呼び求め神様を愛すると豪語する人々ですら、このような状況であるとしたら、今日まで一体誰が神様のみ意を知り得たのであろうか……。

誰一人、真実に神様のご心情に触れた者はいなかったのだという事実が今更のように理解でき、そのお可哀想な神様をどのようにお慰めすべきかと思うと、後から後から涙が溢れました。私が泣いているというより、私を通して神様ご自身が泣かれているような気がしたのです。

「お父様！　どうぞお泣きにならないでください。今、あなたのみ意を知ったこの娘が、身代わりとなってあなたのご心情を宣べ伝え、お心を安んじ奉りますから……。どうぞお泣きにならないでください」。真っ暗闇《くらやみ》の小径でいつまでも泣きながら祈り続けました。

その日から私の内に、再び祈りの力がよみがえって来ました。「ああ、この一、二か月間私は何をやっていたのであろうか」多くの人々が去ってしまったからといって、愛を失い勇気を失って、まったく死人同然にすっかり生気を失ってしまっていたのです。確かに多くの人々は去った。しかしそれは、彼らがもう一つ神様のみ意を知り得なかったからでした。たとえ人々は去ったとしても、み言を通じて神様のみ意を知った私だけは決して変わってはならなかったのです。

「もし私まで変わってしまったら、神様はこの大きな広島の町にひとりぼっちになってしまわれるではないか。何千年の間、たったお一人でやり切れない空しさと孤独に耐えて来られた神様を再び、そのような立場に追いやることができようか。この神様がいらっしゃる限り、私はこのお方から離れることはできない。お父様！　この町の人々が皆去ったとしても私がいるではありませんか！　どうぞ私を通してあなたのご心情を訴えさせ、あなたのみ旨を成就させてください」。

そのように祈りながら、私は生き返っていきました。去る者は去れ！　しかし、私はこの神様と共に永遠に歩むのだ。新しい決意とともに、再び全身に力が漲ってきました。初めて広島に降り立った時のような新鮮な心情と情熱がよみがえってきたのです。

そのようにして、私自身が復活するや否や、それまで既成教会で求道中であった一青年に出会い、彼は順調にみ言を聞き進み難なくこの成約の信仰に立つことができたのでした。この青年こそ在日韓国人青年の初穂として伝道され、多くの兄弟姉妹を生み育てた星野一夫兄弟だったのです。難しい環境の中からすべてをささげて神様の召命に応《こた》えてくださり、続いて広島大学の女子学生ともう一人、ＹＷＣＡ（キリスト教女子青年会）で出会った勤労婦人が実っていったのです。

思えば広島での七か月間は、私自身の復帰のためにあった路程のように思われてならないのです。何一つ華々しい成果を上げることはできませんでしたが、自己の限界に挑み、その歩みのまっただ中から神様のご心情に触れ、それによって新しい私自身に復活することができたのです。

それ以後の私は、確かに何かが変わったと思うのです。もし広島のあのような歩みがなかったなら、私は今ここに存在していなかったのではないかとさえ思うのです。

講義に明け暮れた生活

一九六二年に久保木修己先生が入教されて以来、立正佼成会の人々にみ言が伝えられる道が開かれ、一九六三年三月から開始された第一期四十日特別修練会は、地方開拓伝道の実りとしての十人内外の人々以外は、全員立正佼成会の青年たちで占められていました。

初めはお数珠や法華経を持参して修練会に参加していた青年たちも、やがて十数日が過ぎるころには「統一原理」の内容をよく理解するようになりました。仏教の教えもさることながら、すべての宗教を包括して余りあるこのみ言の前に完全屈伏し、聖書の歴史やイエス様の十字架の贖罪《しょくざい》に涙を流して、天地創造の父なる神に向かって「天のお父様！」と涙して祈るようになっていました。

改めてみ言の偉大さを実感するとともに、地方で一人の魂の救いを求めて汗し涙して来た者たちにとっては、一度に四十名の魂が、神様の愛に感涙し神様のみ前に忠誠と献身を誓うその姿は、あまりにも尊く美しくスタッフたちにとっても大きな心霊復興の場となったのでした。

引き続いて期間を短縮して二期、三期、四期と立て続けに修練会がもたれるようになり、わずか三か月余りの間に、何と百二十、百三十人の新しい兄弟姉妹が誕生していきました。

やがてその翌年、路傍伝道で導かれた人々がいつでも自由に講義を聞けるようにということで、新宿御苑前の白鳥ビル七階に原理講義所が開設されることになりました。西川勝先生からは、統一教会の玄関口として、いつ誰が来てもよいように真心と権威とをもって講義するようにというお言葉を頂き、それからの私はこの講義所に缶詰になって毎日、毎日原理講義に明け暮れるようになりました。

教会の映画会やピクニックも関係なく、盆も正月もありませんでした。唯一、私が講義所を留守にするのは日曜日の午前中、礼拝に参加する時のみでした。講義所には、実に様々な人々がやって来ました。クリスチャンをはじめいろいろな宗教者、霊能者たち、果ては議論のための議論をするためにマルキストたちや無神論者たちもやって来ました。興味がなければ講義半ばでも、さっさと席を立ってしまいます。何とかみ言につなげるためにはいろいろな角度からの導入が必要でした。そのような環境は私にとっては、確かに貴重な良き訓練の期間であったと思うのです。

しかし、ある時は一日に「創造原理」だけでも三回も四回も講義しなければならない時もありました。最初は新鮮な喜びや感動をもって出発した講義生活も、やがて一年、二年と続くにつれ同じ講義内容をテープレコーダーのように語りながら、マンネリ化することへの闘いを乗り越えねばなりませんでした。事実、み言は語ってみなければ、その真髄を理解し得ないと言われます。

そのような時、自らの心と闘い神様にしがみつくようなお祈りをしながら、聴講しに来られた人々に真心の限りを尽くして自らを祭物として語る時、同じ内容を語りながら初めて学ぶような深い真理の世界に誘われ、み言の底知れぬ偉大さを教えられました。

こうして二年六か月、来る日も来る日も講義に明け暮れる生活は、確かに試練と闘いの連続であったかもしれませんが、また天の恩恵と愛とが最も豊かに注がれた恵みの日々であったと思うのです。

そんな当時の生活の中で、生命のオアシスともいうべき存在は、何といっても西川先生ご夫妻でした。しかしビザ問題解決のために、韓国にお帰りになって以来、韓国で過ごされることの多くなった西川先生に代わって、兄弟姉妹の心の拠り所はそのお留守を守られる申美植先生でした。

美植先生は、韓国教会において早くからこの道を先駆けて歩まれた大先輩として、日本にいらしてからも西川先生を助けながら、名実共に教会の母親的存在として全信徒たちの尊敬と愛情とを一身に集めておられました。美しく聡明《そうめい》であられるだけでなく、み言を深く体恤《たいじゅつ》しておられるがゆえの優れた信仰生活指導は、それまでのどちらかといえば戦闘的気分の漲った教会の雰囲気を一変させました。

美植先生の何よりの魅力は、その透徹した説教にありました。語られる一つ一つのみ言が兄弟姉妹の心を潤し、聞く者をして神様が願われる本然の世界の素晴らしさや喜ばしさを感じさせる、清冽《せいれつ》な響きをもっていました。気がついてみると、自らが求めた以上の喜びの世界に誘われている自分自身を発見したものでした。まさに説教によって育てられ、培われた嬉しい一時をもちえたのでした。

さらに、もう一つ美植先生に対して忘れることができないのは、この方あってこそ私たちに真の父母様の偉大さと尊さが教えられたことでした。遠く韓国と日本に隔てられ、一度も真の父母様にお会いしないままに過ごしていた私たちに、お側《そば》で近しく侍《はべ》って来られた美植先生を通して真の父母様のお人柄やご生活が初めて紹介され、真の父母様に対する本質的理解と心の姿勢とが示されたことでした。そのような世界を教えられるにつれ、兄弟姉妹たちは心から真の父母様を慕うようになり、海を越えてお迎えできる一日を待ちわびるようになったのです。

真のお父様にお会いして

そのようにして迎えた一九六五年一月の末、いよいよ待ちに待った真のお父様のご来日が決定されたのです。前年の秋からお迎えのための準備が内外共に進められ、本部も下北沢から広い芝生の庭がある二階建ての白亜の殿堂（渋谷区南平台町）に移転しました。

そして一月二十八日の夕刻、夢に見た懐かしい真のお父様ご一行を羽田にお迎えできたのです。み言を聞いてから満四年余り、こうして初めて真のお父様にお会いする機会が訪れたのです。満面に笑みをたたえられた真のお父様が、空港の正面玄関を出て来られると、待ち受けた兄弟姉妹の間から期せずして聖歌「園の歌」の大合唱が湧《わ》き起こりました。どの顔も喜びと感激に輝いていました。

その夜は、渋谷の南平台の本部にて歓迎夕拝が持たれ、神様の愛をテーマとする深い内容の説教は二時間に及び、悲痛な神様のお心を訴えられながら、真のお父様の目からは幾筋も涙が流れました。

それからの日々は、まさに天宙に立たれる真のお父様を中心に、兄弟姉妹は一つになって静じ動ずる日々でした。二週間のご滞在期間を通じ、全国八か所に聖地をお決めになられ、その他の時間は時を惜しんでみ言を語ってくださいました。今日残っている名説教「イエス様の最期と我々の覚悟」「我々は中心を求めて一つになろう」「万民に必要とされる人」などは、この時、延々数時間をかけて、そのご心情を吐露されたものなのです。

真のお父様のご来日は、あまりにも大きな恩恵を日本の地にもたらしてくださいました。同時に私個人においても聖地決定の後半路程であった北海道、東北の旅にもう一人の兄弟と共に食口の代表としてお伴させていただいた忘れることのできない恩恵の日々となったのです。

その年（一九六五年）の九月末、真のお父様は世界四十か国を巡回されて、再度日本にお立ち寄りくださいました。主な地区を巡回されたほかは、本部教会にて連日連夜、熱心にみ言を語ってくださいました。相変わらず原理講義所で入門講義を担当する私は、それらの半分くらいしか参加することはできませんでした。

やがて、真のお父様のご帰国が近づいたある晩のこと、私を気遣ってくださった美植先生が、お話を終了されお部屋に引き取られたお父様のもとに私を案内してくださったのでした。すでに十二時を回り、他の人々は皆引きあげお部屋にはお父様と崔元福《チェウォンボク》先生のみがいらっしゃいました。

そのような場所に案内され、胸がわくわくするほど嬉しい反面、何か身がすくむような思いがしました。確かに地方巡回にお伴をさせていただいたり、何度かお近くでお話を伺ったことはありましたが、このようにたった一人で真のお父様の前に立つのはこの時が初めてだったからです。

しかし真のお父様は、お優しい笑顔をされて私を迎え入れてくださり、その日の聴講者たちの様子などを尋ねてくださった後、「ところで、節ちゃんは日ごろどんなことを考えるの?」などと問いかけられるのです。初めは遠慮がちに受け答えしていた私でしたが、「それで?」「それから?」と、まるで私の話を聞くことが一番の楽しみであり、そのことのために自分は生きているのだといわんばかりに、全神経を集中して私の話に聞き入られる真のお父様のご様子に、ついつい引き込まれて自分でも不思議なくらい緊張がほぐれ、次第に子供のような気分に立ち返っていきました。

そして「ああ、このお方にならら、自分の何もかもをお話ししてみたい。このお方だったら、どんなことでも、どんな醜いことも恥ずかしいことも、すべてを受け止めてくださるに違いない」自分の心の秘密をすべて吐き出して、重荷を下ろしたいような思いに駆られました。しかし、その場は楽しい話題で終始し、なおも真のお父様はいろいろお話ししてくださった後、「先生はね、早く節ちゃんを祝福して幸せにしてあげて喜ぶ顔が見たいな」などと、父親が幼い子供に語りかけるような慈しみ深い眼差しで優しくお話ししてくださったのです。私は幸福で胸がいっぱいになり、まさに天国に昇ったような心地でした。

お部屋を出て自分の部屋に戻りましたが、眠るどころではありません。使徒パウロの「わが恩恵《めぐみ》汝《なんじ》に足れり」（コリント人への第二の手紙第一二章9節）の聖句が思い出され、今後いかなる恩恵に浴さずとも、天の私に対する報いは足りて余りあるという満たされた思いでした。

それまでの二十数年間の生涯が思い浮かびました。無邪気だった幼年時代の思い出、しかし、中学、高校、大学と成長するに伴い、自らの中に罪の思いが頭をもたげ、次第にそのような思いに振り回されるようになっていった自分自身の姿が思い浮かびました。

やがて求道生活が始まりました。しかしこの道に導かれてからも、相も変わらず後から後から芽ばえて来る堕落性と闘いつつ、自らの汚れと醜さに胸を打って泣いた日々のことなど、それまでの生涯の歩みが走馬灯のように頭の中を駆け巡りました。

どう考えても今晩のひとときは、私には身に余る光栄なのです。何度も真っ暗な天井に向かって「お父様。なぜ今晩あなたは、こんなにも私を愛してくださったのですか?」と問いかけた瞬間でした。にわかに大きな力が私に臨み、その力の奥底から一つの澄んだ思いが私に向かって降り注がれてきたのです。

「なぜ私がおまえを愛するのか。それはおまえが私の子であるからだ。……おまえは今でもよく自らの幼い日を恋しがり、『あのころは清かった、美しかった』と言って懐かしむんだね。しかし、そのころの清さや美しさが比較にならない、私のおまえの中に埋めた神の似姿としての真の生命は、私自身が慕わざるを得ないほどに清く尊く美しいものなんだよ。しかし、生まれながらに罪の子としての運命のもとに生まれざるを得なかったおまえには、成長とともに罪が芽生え、次第にその罪がおまえを支配するようになっていった。おまえは悩んだね。

やがて私に救いを求め、信仰の道の門を叩《たた》いた。しかし、このみ言を知ってからも自らの罪と汚れに胸を打って泣いたね。しかしそういうおまえを私が一度でも責めたと思うか。そういうおまえが醜いからといって、顔を背けたことがあったと思うか。おまえが苦しむ前に悲しむ前に、私自身が苦しみ悲しんでいたんだよ。なぜなら、それが本当のおまえではなかったから。なぜ私がおまえを愛するのか。それはおまえがかけがえのない私の子であるからだ……」

激しく、強く、魂を揺さぶるそのみ声を聞きながら、私は初めて神様の真実の愛に目を見開かされる思いがしたのです。それほどまで神様の愛が、深く切実なものであったとは考えてもみなかったことでした。神様は深い憐《あわ》れみによって人間を愛しておられるけれど、私のような見苦しい者を心から愛することなどおできになるはずがないと考えていました。

しかし神様は、そのような私をご覧になっておられたのではなく、神の子として私にお与えになった本当の生命、神様の似姿としてつくられた私の本質を信じ愛しておられるゆえに、現実のまだ醜い泥だらけの私をそのまま胸に抱いてくださったのです。

それほどまでに貴い生命を宿した、神の子ゆえに大きくはかり知れない愛によって愛されていた私だったのです。ああ、そうであるとしたら、何という長い期間、私は自らの本質でないものに悩まされてきたのであろうか。私が今日まで苦しみ、悩み続けてきた罪は悪魔が私の内に植えつけた、やがては跡形もなく消え去っていかざるを得ない偽りの私だったのです。

しかもそのような私に関しては、私が悩み苦しむ以前から神様ご自身が悩まれ、心配されてこられたというのです。人は自らの重荷を理解し、共に背負ってくれるそのような存在を見いだす時、救いを得る思いがするものですが、全能なる神様がこの私の悩みを悩まれ、共に歩んでいてくださったということを知った以上、ほかに何を悩むことがありましょうか。あとはただ一日も早く、古い偽りの自分自身を脱ぎ捨てて、神様がそれほどまでに愛してくださる本来の私自身を発揮するためにのみ生きるべきなのです。

平安が臨み、限りない希望と感謝の思いが心に溢れました。「さあ、今までの一切のことを忘れて、これからは未来の本当の目的に向かって力いっぱい前進するんだよ」、神様がそう言ってくださっているように思えました。思えばこれまでの私は、自らの罪を背負いつつ必死になって歩んで来たのです。そのような歩みが、私にも初めてけなげなものに思われてきました。自虐的なまでに自己に対する責めと嫌悪感を持ち続けてきた自分の姿が、何とも痛々しく感じられました。

しかし、今晩からは違うのです。愚かなことに拘泥してきた私は、すでに過去の自分であり、これからの私は喜び勇んで目的の世界を目指して邁進《まいしん》するのみなのです。かくして、とうとう一睡もしないうちにその素晴らしい夜は明けてしまったのでした。

それから二、三日後、いよいよ真のお父様を羽田空港にお見送りする日がやって来ました。その日美植先生が私と並んで歩きながら言われました。真のお父様が私のことを「あの子はいい子だよ」と褒めておられたというのです。「えっ、私がいい子」。思わず涙が溢れそうになりました。

私はいい子などではあり得ない。自分のことは誰よりも自分自身がよく知っているのです。しかし次の瞬間、これは真のお父様が本来の私に対しておっしゃってくださったのだということに気がつきました。本当の私はいい子に違いないのです。そう思うと真のお父様のお言葉が素直に嬉しく、私のような者をそのように見つめてくださるお父様の愛に私は力いっぱいお応えしていこうと心から思いました。

すでに機上の人となられた真のお父様に向かって、きっとこの恩恵に報いる真の子女になりますと心で叫びながら限りない感謝と新しい決意を込めて、機体が青空の中に消えていくまで手を振り続けたのでした。

真のお父様のご来日によって、神様の真実の愛がいかなるものであったのかを懇切に教えられた私は、確かにその日から大きく変わっていきました。そして、それから幾日もたたないある日のこと、お部屋で真のお父様にお会いしたあの晩、神様が私に語りかけてくださったみ言こそ、同時に実体のお父様が私に与えてくださった愛のみ言であったのだということに気づかされたのです。

あの日、惨めな幼い娘を前にして、真のお父様がお心のうちに抱かれた思いが、霊界を媒介として私に注がれてきた恩恵であったと知った時、私は改めてしみじみとその恵みをかみしめたのです。

まさにこのお方こそ、罪の中に呻吟《しんぎん》する私たちを罪の世界より救いあげ、贖《あがな》いのみ業を成就される救い主であられるとともに、かつての自分自身とは違うまったく新しい人格と心情に、万民を新生させてくださる永遠なる生命の父母様であられることを、心の内にはっきりと見る思いがしたのでした。

「神様、私を用いて伝道してください」

小室宏之

一九六〇年十月　入教
七百七十七双
キルギス共和国国家的メシヤ

不思議なおばさんとの出会い

私が統一教会に入教したのは、一九六〇年十月です。私が神様に召命されたということを実感するのは、大学生のとき健康管理と修行を目的として、十二日間と八日間の断食をした後に、松本道子さん（通称、松本ママ）に伝道されたからです。

高校時代は、東京大学に行こうと勉強していたのですが、「赤門（東京大学の俗称）」よりも「白門（中央大学の俗称）」のほうがよいと思って中央大学法学部に入学しました。そして弁護士になって困っている人のために生きようと、司法試験の勉強を一生懸命にしていたのです。しかし勉強すればするほど悩みが生じてきました。人間が人間を裁くことができるのか、善と悪の判断は何によって決まるのかなどの問題で、非常に悩み苦しんだのです。

この問題を解決しないと、法律を勉強して司法試験を受ける気持ちにもなれませんでした。それで二年のときに、四年の法哲学の講座に参加して、刑事訴訟法や民事訴訟法などを学び自分の疑問を解決したいと思ったのです。法哲学の先生にも随分と質問をしましたが、納得のいく解答が得られませんでした。善悪について説いている宗教の門を叩《たた》かなければならないとも思いましたが、宗教団体に入るのには抵抗があったのです。

当時、中央大学は御茶ノ水駅の近くにあり、近くにキリスト学生会館がありました。ある日、そこで「キリスト教に入らなくてもいいから、聖書の勉強をしたい人は来てください」という内容の聖書研究会の広告を見たのです。そこで聖書研究会に通い続け、聖書の勉強をしていました。そこに松本道子さんが、大学生を伝道しようと思ってキリスト学生会館の聖書研究会に来ていたのです。不思議なおばさんが来ていると思っていました。

ある日、私はその聖書研究会で牧師さんに、次のような質問をしたことがあります。

「なぜ、全知全能の神の子であるイエス様が、十字架にかからなければならなかったのですか？　全知全能であれば、十字架を避けられたのではないでしょうか？　今のキリスト教は、『イエス様の十字架によって世界が救われた』と言っていますが、救われた世界になぜ刑務所があり、裁判が必要なのでしょうか？　それでは救われていないのではないでしょうか？」。

この質問に牧師さんは、しどろもどろになって答えられないのです。そのときそこにいた松本さんは、いらいらするようにして「学生さん、学生さん。それは……」と、説明しようとしたのです。私はそのとき、松本さんの立場も価値も分かっていなかったので、「おばちゃんは、黙っててください。私は今、牧師さんに質問しているのです」と言って、松本さんが語ろうとするのを退けました。そのときが一九六〇年十月でした。

統和社で出会ったある青年

その日、聖書研究会が終わって、御茶ノ水駅に向かって歩いていると、松本さんは私の後を追いかけてきました。「学生さん、学生さん。あなたの質問は素晴らしいです。あの牧師さんに、答えられるわけがありません。あの牧師さんが答えられない問題を、明確に教えてくださる先生が日本にただ一人だけいます。そこに行きませんか？」と誘われたのです。

それで私が、「そこは、どんな教会ですか？」と尋ねると、「それは、行ってみれば分かります」と言われました。それで、そのときに行くのはやめて、（一九六〇年）十月二十六日に、中央線の大久保駅の改札口で待ち合わせる約束をして別れたのです。

十月二十六日、私は待ち合わせの時間どおりに大久保駅の改札口に行きました。そこで

崔奉春宣教師からみ言を聞いた統和社（東京都新宿区百人町）

松本さんと出会い、教会に向かったのです。私は素晴らしい大きな教会に連れて行ってもらえるとばかり思って、ついて行きました。確かに大きな建物があったのですが、その前を通り過ぎて行きます。

「あれ？」と思っていると、長屋みたいに粗末な建物に「統和社」という看板が掛かっていました。ガラスにはひびが入り、そこに紙が貼《は》ってある建物に入りました。私は「おばちゃん、早く行こうよ」と言ったのです。すると松本さんは、「申し訳ないけど、私ちょっと用事があるから、ここの事務所でいすに座って待っていてくれない？」と言うのです。

松本さんは事務所の奥のほうに行って、だれかを呼んで来ました。事務所の奥が印刷工場になっていたのです。松本さんは、作業服を着た若々しい、きりっとした顔の印刷工を連れて来ました。松本さんは私に、「私が帰ってくるまで、このかたと話をしていてください。すぐに帰ってくるから」と言って、出掛けてしまったのです。

私は松本さんが帰ってきてから、恐らく素晴らしい教会に連れて行ってもらえるのであろうとばかり思っていたので、暇つぶしにその印刷工の人と話をしていました。そのうちに、いつの間にかキリスト教の話になっていきました。この印刷工の人は、随分キリスト教のことを知っていると思ったので、この前、牧師さんにした内容と同じ質問をしてみたのです。

「全知全能の神の子イエス様が、なぜ十字架にかからなければいけなかったのか」、そして、「イエス様が十字架でこの世界を救ったと言うが、なぜ刑務所があり犯罪があるのか」という内容です。

そのときその印刷工が、非常に分かりやすく、明快に答えてくれました。この回答を聞いて、随分、教養のある印刷工の人であると思いました。身なりはみすぼらしくても、素晴らしい答え方をしてくれるので、次から次と今まで疑問に思っていたことを質問し続けたのです。それらの質問に対しても、納得の行く回答をしてくれるのでうれしくなってきました。

統和社内の情景といえば、四十ワットの薄暗い裸電球と、ひびが入った畳一枚くらいの大きさの黒板と、チョークが置いてありました。いすに張られた布は破けており、そのほかに丸いいすが二個置いてある本当に粗末な事務所でした。広さは六畳か八畳くらいでしょうか。

私は質問に答えてもらったのがうれしくて、時のたつのも忘れていました。しばらくして、松本さんが帰ってきたのです。「おばちゃん、随分待たせたね。早く教会に行こう」と言うと、松本さんはがっかりしたような顔をして、「学生さん、このかたに質問をしましたか?」と言われました。

「しましたよ」

「どうでしたか?」

「とても素晴らしい話でした」

「良かったですね。明日もここに来ませんか?」と、松本さんが言うのです。聖書のことを知っているのなら来てみようと思って、「いいですよ」と言って別れました。

後で、その印刷工の人が西川勝先生(韓国名、崔奉春《チェポンチュン》宣教師)だと分かったのですが、

「神様、私を用いて伝道してください」

そのときはどのような人かは全く分かりませんでした。でも西川先生は姿勢がよく、目は清らかで、口元はきりっとしており、非常に気品のある顔をしていました。それに話の内容が良かったので、外的にはみすぼらしくても、つまずかなかったのではないかと思います。

夢で教えられた再臨主

それから毎日、統和社に通いました。私が三回目に統和社に行ったとき、小河原節子さん（現、桜井節子さん）が、ちょうど「メシヤ論」の講義を聴いていました。そのときここに来ている人もいると思って安心し、毎日、通うことができたのです。

私は講義の中では、「創造原理」が大好きでした。西川先生は、一回の講義でチョークが何本も折れるほど、黒板にチョークを叩きつけて文字を書き大声で講義をされました。その情熱あふれる講義を聴きながら、いつの間にか私の心は解けてきました。熱が物を溶かすのと同じように、情熱が人の心を動かすことをそのとき悟らされました。

法学部の学生は、理屈屋が大半です。みんな弁護士や裁判官、検事を目指しているので、理屈では絶対に負けないという自信を持っています。私はあまり屁《へ》理屈のような質問はしなかったほうですが、それでも随分、西川先生を質問責めにしていじめたようです。それは、納得が行くまで知りたかったからです。

「堕落論」を聴いたときは、当たり前のことを言っているのではないかと思いました。というのは、私の母が学校の教頭だったので、母は「結婚前に、不倫な関係を持ってはいけない」と、しょっちゅう教えてくれていたからです。そのことが自分の心にしみ込んでいたので、「堕落論」には、あまり感動しなかったのです。講義の中では、「創造原理」と「メシヤ論」に感動しました。イエス様の十字架の真相が分かってくると、とてもうれしく思いました。

講義を一通り聴いたといっても、そのころは真《まこと》のお父様についての証《あか》しはありません。あくまでも、メシヤが来ているかもしれない、来ていないかもしれない、という程度で、講義が終わるのです。後は、自分で悟らなければなりませんでした。

私がメシヤはすでに来ていると思ったのは、講義を聞き終わった後に、ある夢を見せられたからです。それは、長いトンネルみたいな中をくぐって行く夢でした。小さい門をくぐって行くと、そこには部屋があり、その部屋の中に入ると大きな写真が二枚掛かっていました。どちらも同じ顔をしていました。

すると案内してくれた人が、「小室さん、どちらがメシヤだと思いますか?」と質問するのです。私は同じ顔をしているが、やはり少しでも光り輝いているような顔をしている写真の方を指して、「このかたです」と言うと、「学生さん、よく分かりましたね。そうですよ、このかたがメシヤです」と言われました。

それで西川先生がメシヤの再臨について隠していても夢を通して、メシヤは来られていると悟らされたのです。さらに再臨主がいかなるかたであるかということを知ったのは、西川先生が用事があって外出されたとき、西川先生がいつも愛用していた金で装飾された聖書を手に取って開いて見たときです。

聖書の中に一枚の写真がありました。それはみすぼらしい服を着ている人が、岩の上に立っている写真でした。その写真を見たとき、あれ夢で見たかたと同じではないか。ああ、やはりこのかたが、再臨のメシヤなのだと思ったのです。そのときは驚きと同時に、とても喜びが込み上げてきました。

西川先生は当時、メシヤの再臨については言葉に注意して講義をされました。それは、相手をつまずかせないための西川先生の配慮でした。中央大学からも、ＹＭＣＡ（キリスト教青年会）からも、素晴らしい学生が何人も来て講義を聴いたのですが、やはりイエス様の十字架の問題で悩んで、来なくなっていたからです。

私は講義を聴くのがうれしくて、家に帰るのがいつも夜中の十二時過ぎになりました。ある日、母は私の帰りが遅いことを心配して、遅くなる理由について尋ねてきたことがあります。私は「将来の司法試験の勉強のために、図書館で勉強しています」と答えたのです。

そのころの統和社での食事は、とても粗末でした。明日の食べるお米がないときもありました。私はいつも弁当を持って大学に行っていましたが、教会での食事があまりにも粗末なのを見かねて、母に「このごろ大学で剣道をやっているから、おなかが空いてたまらないので、でかい弁当箱にしてほしい」と言って、ご飯もおかずもたくさん詰めてもらいました。昼食には、その弁当には手を着けず、一杯三十円のラーメンを食べ、弁当は統和社に持って行き、皆に分けてあげたのです。西川先生は、そのことをとても喜んでくださいました。

西川先生の講義に燃えて澤浦先輩を伝道

私が統和社に三回目に行ったとき、桜井節子姉がいたことはお話ししましたが、何回目かに行ったときには増田勝《まさる》さんがいました。このとき男性も来ていると思い、非常にうれしかったことを覚えています。

そのころ増田さんは、一通り講義を聴き終わっていて礼拝に来ているようでした。礼拝は統和社ではなく、統和社の近くにあった矯風《きょうふう》会館の一室を借りて行っていました。そこには年配の素晴らしい夫婦も参加していました。大体、七、八人が礼拝に参加していたのです。

矯風会館でも統和社から次に引っ越した所でも、西川先生は大きな声で説教されました。三階とか五階を借りて礼拝をすれば、一階にいても西川先生の声が聞こえてくるほどでした。西川先生の情熱たるや大変なものでした。ですから当時、西川先生は結核を少し患っていたようですが、それは情熱で吹き飛んでいったのでしょう。

西川先生はどんなに生活が貧しくても、サタンから絶対に讒訴《ざんそ》されない歩みをすることを、常に心掛けていました。ですから、人がだれも見ていなくても、絶対に不正なことはしなかったのです。文《ムン》先生の伝統をちゃんと引き継いでいました。西川先生はいつも、「このようなみすぼらしい部屋で講義を聴いて、つまずくような人はだめだ。本当の義人は、こういう部屋で講義を聴いてもつまずかない」ということを、口癖のように言っていました。

やはりそのような環境でみ言《ことば》を聴き続けた人が、今も統一教会に残っています。増田勝兄、桜井節子姉、澤浦秀夫兄（二〇〇五年昇華）、岩井裕子（現、神山裕子）姉、春日千鶴子（現、ロニオン・千鶴子）姉、それから別府美代子（一九七二年昇天）姉たちです。

西川先生の気迫あふれる講義で燃えた私は、伝道をするために一週間断食をしながら中央大学で、「神様と世界に貢献できるかたと出会わせてください」と祈っているとき、学内の床屋で出会ったのが澤浦秀夫兄でした。そのとき澤浦兄は、中央大学法学部四年生で弁護士になるため司法試験の勉強を一生懸命にしていました。

法律においても話術においても、私よりも数段優れていたので、必死に祈りながら聞き役となり、質問話法で澤浦兄を伝道したのです。一九六〇年十二月六日に、西川先生に澤浦兄を紹介すると、彼は真剣に講義を聞き始めました。西川先生は「日本人が日本人を初めて伝道してくれたね」と言われ、本当に心から喜んでくださいました。今でもその時の西川先生のうれしそうな顔を忘れることができません。

澤浦兄は銀行に勤めながら、伝道活動をしようと考えていました。しかし彼は、「原理」を深く学ぶにつれ自ら今何をすべきかを悟り大学を卒業して間もなく、管理職として就職した銀行と弁護士への道をすべて神様にささげて、男性の中で最も早くみ旨を献身的に歩むようになったのです。

澤浦兄は、父親を早くに亡くしていたため、実のお兄さんが澤浦兄の父親のような存在でした。お兄さんは、澤浦兄が大学を卒業した後には、銀行に勤め司法試験にも合格してほしいと望んでいました。澤浦兄が家(群馬県伊勢崎市)を出て、教会活動に専念しようとする時には、並々ならぬ状況下にあったのです。

澤浦兄が、故郷を出て東京に向かおうとする日、お兄さんが「西川という男に会いに行く」と言いながら追いかけてきたのでした。澤浦兄は、そのお兄さんに対し「自分を殺してから、西川先生の所に行ってくれ」と命懸けで訴え、家を離れたのです。その日が、一九六一年四月二日でした。そのとき初めてもらった給料袋の封を切らず、給料袋を持って上京しました。

澤浦兄は、立正佼成会のかたを伝道し、そのかたが久保木修己先生を伝道することによ

アパートの一室で初めて共同生活を始めた教会の近くで（中央が小室宏之さん、左から2番目が澤浦秀夫さん、東京都新宿区西五軒町で）

って、日本統一教会の発展の基礎を築きました。真のお父様も西川先生も、澤浦兄を「ザワ」と呼んで深く愛してくださいました。

澤浦兄は、岸信介元総理大臣と福田赳夫元総理大臣に原理講義をしましたが、自分でしたことを口に出すこともなく謙虚なかたでした。真のお父様が「統一教会を引っ張っていく男だ」とおっしゃったごとく、パウロのように活躍されました。

澤浦兄の次に路傍伝道で、四柱推命を研究されていらっしゃる壮年の方を伝道しました。その方はアベル的な方でみ言に大変感動されました。二か月間、教会に来られて熱心に伝道もしていたのですが、本人や家庭の事情ではなく教会に来ることができなくなったのです。もしその方が教会に留まることができれば、大きな活躍をされたことでしょう。今頃とてもその方が思い出されてなりません。

路傍伝道と廃品回収

教会が、飯田橋方面（新宿区西五軒町）に移った後の一九六一年三月末から路傍伝道が始まりました。桜井節子さん、神山裕子さんと私の三人が、日比谷公園で路傍伝道をしたのです。

桜井さんが黒板を持って「序論」の講義を始めると、すぐに警官や日比谷公園の管理人が飛んできて、「ここでは、やっていけません」と言うのです。ここで引き下がれば、桜井さんが講義できなくなるので、私は警官を相手に「警官の目的は何ですか。罪悪世界をなくすことでしょう。この講義は、罪悪世界をなくすための講義ですから、邪魔をするのは警官らしくないですよ」という話をし始めたのです。

私は法律を勉強しているものですから、警察法のことまで持ち出して警官と話をしたので、警官は講義をやめさせることができませんでした。私と警官が話をしているので、公園を散歩している人は、何事が起きたかと思って多くの人が集まってきました。黒山の人だかりになったのを見て、天はこのようにして人を集めるのかと思ったのです。

私と警官が話している間、桜井さんはずっと「序論」の講義をすることができました。美しい花園の日比谷公園で、黒板講義による路傍伝道ができたことは感謝でした。日比谷公園以外では、渋谷では増田さん、池袋では松本さんと澤浦さん、新宿では西川先生が路傍伝道をしました。

路傍伝道とともに、澤浦兄の発案で「天職」と呼んでいた廃品回収が始まったのもこのころでした。廃品回収は、両国の高橋さんという大きな廃品回収の問屋を中心に、みんなでリヤカーを引きながらやったのです。私はよく春日千鶴子さんと一緒に廃品回収に行きました。両国は、坂が非常に多いのです。リヤカーで坂を上るときには、後ろから押してもらわなければなりません。そして上り終わると今度は下りです。そのときいちばん大変だったのが、リヤカーを止めることでした。上りも下りも苦労しました。

いちばん感動したことは、ほかのメンバーがどんなに実績がないときでも、西川先生は新聞や鉄くずをリヤカーにたくさん積んで帰ってくることです。たとえ断食中であっても、西川先生がリヤカーに廃品を山盛りに積んで帰って来るのには感心しました。廃品回収が終わると、両国駅の近くにある粗末な焼きそば屋に行きます。そこで醤油《しょうゆ》がかかった一杯三十円の焼きそばを、みんなで食べるのが喜びでした。そうして食事が終わって午後二時ごろから、それぞれが伝道に出掛けたのです。

そのころ西川先生が、いつも口癖のように言われたことは、「どんなにみんなが失敗しても万事益となる。それは神様のためにやったことだから」と言って、慰め励ましてくださいました。西川先生はどんなに疲れていても、口笛を吹いて楽しそうに帰ってこられるのです。西川先生が好きな歌が、「冷たい冬の木枯らしよ」で始まる「嘆きを吹き飛ばせ」という聖歌でした。その聖歌をよく歌って、私たちを励ましてくださったのです。

八百日間の路傍伝道

路傍伝道や廃品回収をしているころ、西川先生から「中央大学に『原理研究会』をつくらないか」と、言われたことがあります。日本中、どこを探しても、まだどこにも「原理研究会」がないときのことです。一九六一年四月、新入生を対象に「原理研究会」の募集を始めました。多くの学生たちは興味を持って、このサークルに集まってきたのです。

原理研究会の顧問に、どの教授になっていただいたらよいか随分と悩みました。原理研究会が当時の日本の大学にはまだつくられていないサークルなので、どの教授が納得してくれるか分からなかったからです。政治学の小松春雄教授の講義を聞いているときに、小松教授が日本の現状を憂う講義を時々されるので、一番前の席に座ってできるだけ小松教授に顔を覚えてもらえるよう努力し、講義を真剣に聞いている態度を見せました。五、六回講義に出てから小松教授の部屋を訪れたのです。

もちろん訪れる前に、四日間の断食をしました。教授の部屋に入ると、小松教授は私の顔を覚えていてくれて原理研究会の趣旨を聞いてくださいました。中央大学の精神的支柱を確立し、家族的情味のある中央大学にするのが会の目的であることを、情熱を込めて語りました。それを聞かれた小松教授は「顧問になっていいよ」とおっしゃったので、とても神に感謝しました。別の教授にも働きかけると会の趣旨に賛同していただきましたが、学生に人気のあった小松教授を原理研究会顧問に選んだのです。

二十数年後、小松教授の自宅に妻と一緒に訪ねたとき、同教授は妻に「(小室さんは)学生服に直立不動で丁寧に挨拶したので、この時世にこのような純粋な学生がいるのだろうか」と思い、感動したと話してくださいました。きっと神様が、私を純粋に見せてくださったのだと思っています。

白門祭（中央大学の学園祭）においても、「統一原理」を紹介する展示会場を借りることができ、たくさんの学生がやって来ました。そこでは大きな声で原理講義をするので、学生たちは何事かと思って毎日が満員御礼となりました。

白門祭で図解した原理を説明する教会員

その中から何人かは、飯田橋にあった教会に訪ねてきて西川先生から講義を聴いたのです。ところが西川先生は正義感にあふれていたので、語る言葉も激しいものがありました。「今は、勉強している時ではない。愛と真の世界を創《つく》ることを最優先しなければならない」と言われるので、たくさんの受講生はいたものの、途中で教会に来なくなる学生がほとんどでした。

私はあまりにも実りが少なかったので、大学の屋上に上がり何日も泣きながら祈りました。そうして「神様、なぜ私のような者を召命したのですか。私よりも、もっと素晴らしい人を導かれれば、中大生はつまずかないで済みます。私がここに来たために、中大生はかわいそうです」と言って、泣きながら祈ったのでした。

そのとき、天から声がしたのです。「小室よ、泣かなくてもよい。伝道はわたしがするのだから、心配しなくてもいい」と言って私を慰めてくださいました。ですから「神様に用いられてこそ、人材復帰はできるのだ」ということを、このときに悟らされたのです。それで私は、「神様、私を用いて伝道してください」という徹底した祈りをするようになりました。その結果、多くの学生がみ言を聴き、入教するようになったのです。

毎日、朝と夕方に中央大学の四十以上の教室の黒板の左側の隅に、原理研究会の宣伝文章を書きました。しかし講義がある度に、折角書いた宣伝文章は消されてしまうので私は泣きたくなる思いでした。

なぜかといえば、当時の私は法律の勉強はもちろんですが、剣道部の活動、アルバイト、教会活動などでとても忙しかったからです。昼間の講義が午後四時半になると終わり、その後、夜間の講義が始まるまでのわずかな時間に、たくさんの教室に原理研究会の宣伝文を書くことは非常に忙しく大変でした。

だから見渡朗良兄《みわたしあきら》と、もう一人の学生が黒板の宣伝文を見て、原理研究会の勉強会に来てくれた時は大変うれしく思いました。何日も一人で空き教室で、待ち続けながら祈っていた苦しさから解放されたからです。そのとき十二名ほどの新入生が、中央大学原理研究会に入会してくれました。

原理研究会には、見渡兄、江利川安榮さんをはじめ、田代正一《しょういち》兄、吉岡征治兄の中大のメンバーなどが入会し修練会に参加することによって、多くの人が献身的に歩むようになったのです。このようなことも、中央大学の屋上で悔い改めたことを天が取ってくださったのだと信じています。

後に、全国大学連合原理研究会（全大原研）が設立され、原理研究会設置の運動が展開され始めました。初代の全大原研会長は、立正佼成会の大物であった小宮山嘉一《かいち》兄です。澤浦秀夫兄の路傍伝道に感動して、「統一原理」の講義を聞いたかたで、このかたが久保木会長を伝道したのです。中央大学原理研究会の初代会長は私で、顧問は小松春雄教授でした。私の後は、小林育三兄が後を継いでくれました。

私自身はなかなか伝道ができなかったので、路傍伝道の条件を立てて伝道することにしました。最初は、四百日間、毎日、路傍伝道する条件を立て伝道に出発したのです。路傍伝道をした場所は、渋谷、新宿、池袋、御茶ノ水、時には、神奈川県の厚木でやったこともあります。厚木で路傍伝道したときは、周りは田んぼでした。蛙《かえる》がガーガーと鳴く中で、その蛙に向かって訴えたこともあります。

四百日間の路傍伝道を全うすると、七百日間に延長し、それが勝利すると、八百日間、路傍伝道を続けました。天が感動する条件を立てれば、天が働いてくださると確信したからです。

その八百日間の期間の中で、天が条件を取ってくださったのか、松下正寿《まさとし》先生（当時、立教大学総長）と出会い、み言を伝えることができました。西川先生は、「大物を伝道しなさい」と言われていたので、クリスチャンの松下先生にみ言を伝えようと、一週間断食をしながら、松下先生に何度も手紙を書いたのです。

その後、西大久保（東京都新宿区）に教会があったころ、西川先生が夜遅くまで原稿を書かれ、兄弟たちで校正しながら作った『原理解説』を持って、西川先生と一緒に松下先生の自宅を訪問しました。それ以前も、一人で松下先生の家を訪問したことがあったのですが、留守でお会いできなかったのです。

松下先生にお会いしたとき、松下先生は私たちが差し出した『原理解説』を見られて、

『原理解説』を読ませていただきます」と言われ、本を受け取られました。そうして、松下先生はみ言を学ばれたのです。大物を伝道するには、本当に天が働かなければできないということを実感しました。

その後、ある電力会社の会長を伝道したことがあります。そのときは、四十日間、毎朝、自転車で自宅まで行き、手紙をポストに投函しました。それと同時に、一週間断食をして訪問したのです。玄関を開けるとすぐ会長が出てこられました。「私が中大後輩の小室です」と自己紹介すると、会長は急に笑顔になって「君か、毎日手紙をくれたのは。ありがとうよ。なぜもっと早く来ないんだ。どんな人か会いたかった」と言われました。そして、すぐに部屋に案内してくれたのです。

このとき私は、キリスト教と「勝共」について語り、愛と真の日本を築いていかなければならないことを訴えました。会長も中大の先輩だったこともあり、とても私をかわいがってくださいました。それからしばらくして、会社の社宅が空いたので私たちに社宅を貸してくださったことがあります。そこは三十畳ほどの部屋もあり、十畳ほどの部屋が四部屋ありました。廊下は長く広く、見事な庭園もあって御殿のような館でした。

一九六七年七月、真のお父様が福岡を巡回されたとき、この館に宿泊していただくことができました。神様は真のお父様が来られることをご存じで、そのためにこの建物を準備されたように思えるのです。

真のお父様との出会い

真のお父様が日本留学以後、初めて来日されたのは一九六五年一月二十八日です。そのころ本部教会は、南平台町（東京都渋谷区）にありました。真のお父様をお迎えするために、学生部のメンバーが中心となって、羽田空港に行きました。

真のお父様が本部教会に到着されたとき、学生たちが行列をつくってお迎えしたのですが、私は玄関の前にいたので直接、真のお父様に「お父様、お帰りなさい」と申し上げることができました。「先生、お帰りなさい」とは言わなかったのです。そのころは、真のお父様のことを「大先生」とお呼びしていたのですが、なぜか、そのとき「お父様」と言わなければいけない思いに駆られて、「お父様」と申し上げたのでした。

真のお父様に対する私の第一印象は、若々しくてハンサムであるということです。真のお父様は、聖歌二十四番の「新エデンの歌」を、体を揺さぶり手を振りながら何度も歌われました。それ以来、私は、この聖歌がいちばん好きになったのです。

真のお父様は、私たちを前にして、み言を何時間も語り続けられました。私は絶対に真のお父様の前では居眠りしてはいけないと思い、お父様の目を見詰めながらみ言を聴き続けました。そのためか真のお父様が、私にお話ししてくださっているように思えたことが何度かあったのです。

真のお父様と一対一でみ言を聴いているように思えたので、とても緊張しました。み言を聴く前は、眠らないためとトイレに行かないようにするために、飲食物を控えました。兄弟たちが狭い所にぎっしりと座っているので、いったんトイレに行けば、前のほうには座れなくなるからです。

真のお父様を間近に拝見していて驚いたことは、お父様はコーラや水をとても多く飲まれるのですが、トイレには行かれないことです。十時間以上、み言を語られながら水分を多量に補給しても、トイレに行かれないのです。真のお父様の体は、どうなっているのかと不思議に思いました。

み言を語られた後、真のお父様が休まれたのは、南平台の本部教会の二階でした。そのころ真のお父様を警備しなければならないという意識は、ほとんどなかったように感じました。そのようなとき、私は真のお父様をサタンからお守りしなければならないという思いで、お父様が休まれる部屋の前に座って、徹夜祈祷をさせていただきました。

真のお父様が出掛けられるときは、いつも先に玄関に飛び出していって靴べらをお渡しして、「行ってらっしゃい」と申し上げてお見送りしたのです。このようなことをしたのも、すべて真のお父様と親子の関係を実感したかったからでした。

真のお父様は、南平台に集まった教会員と一人一人、握手をしてくださいました。握手していただいたときは、本当にうれしく、私は思わず両手で真のお父様と握手をしました。握手だけではありません。真のお父様は、全員に記念のハンカチを下さったのです。真のお父様が、日本から米国に出発されたのは、一九六五年二月十二日でした。私も見送りに羽田空港に行きましたが、真のお父様と空港でお別れするとき、お父様は仕切られたガラスに手を当てられました。

見送りに行った私たちは、真のお父様の手にガラス越しではありましたが、一人一人、手を合わせたのです。このようにして、真のお父様は、教会員一人一人を心から愛してくださいました。ガラス越しに真のお父様と手を合わせたことは、今でも忘れることができません。一九六五年秋にも、真のお父様が来日されました。それ以後、次に来日されたのは一九六七年六月でした。

そのときは松濤《しょうとう》本部で「原理大修練会」が行われました。原理講義は、劉孝元《ユヒョウウォン》韓国初代協会長がされたのですが、真のお父様は毎日のように私たちにみ言を語ってくださいました。

私の個人的なことは、真のお父様にはお話ししていなかったので、ご存じないはずなのですが、みんなの前で私のことをぽつりと、「この男は、手紙を出すのが好きなんだよ」とおっしゃったことがありました。

そのとき真のお父様は、なぜそのようなことまでご存じなのかと、私はとても驚きました。それは、四十日間、電力会社の会長に手紙を出し続けて、み言を伝えた後のことでした。真のお父様は、私が手紙を書くことが好きなことを、霊界を通してご存じだったのです。真のお父様は、私たちのすべてをご存じなのです。

一九六九年、真の父母様が来日されたとき、私は埼玉県にあった神川工場で仕事をしていました。そのとき真のお父様が、神川工場を訪問されたのです。真のお父様は神川工場で働く教会員を社員が寝泊まりしている部屋に集められて、み言を語ってくださいました。

そのとき私は司会をしました。このことも、私の忘れられない思い出の一つです。

「神様、私を用いて伝道してください」

神川工場で働いているとき、私はいつか真のお父様がここにいらっしゃると思って、支給された作業服を一着、袖を通さず、新しいままロッカーにしまっておいたのです。私が司会をしたときは、その真新しい服を着て臨むことができました。

神川ではいろいろ夢で教えられましたが、ある夢の中で真のお父様が小さな木を十二本私の胸の中に入れてくださいました。振り返ってみると、それは十二双に選んでくださっていたという内容だったと思います。

真のお父様は神川工場から東京に戻られて、十二双のマッチングを行われました。しかし私には連絡がなかったのです。東京に来るように連絡を受けた時には、すでに祝福の修練会は終わっていたようです。私は急いで何のために行くかも分からず東京に向かいました。しかし夜が遅かったため乗り物がなく、長い時間をかけて暗い道を歩いて神川の駅まで行かなければなりませんでした。

東京に着いて本部教会の礼拝に参加したとき、真のお父様はみ言を語られていたのですが、私の顔をごらんになりながら、「人間は、赤ちゃんをつくることは大変なんだよ。子供をもうけて神様を喜ばせるんだよ」などと語ってくださいました。

その後、私は何で呼ばれたのか知らなかったので、夜中、渋谷の代々木の聖地にお祈りをしに行きました。私が戻ると真のお父様は、「おまえがいないから、ほかの人を祝福した」と非常に悲しまれ、二時間以上、澤浦兄と一緒に叱《しか》られました。今も申し訳ない気持ちでいっぱいです。

毎日の「感謝祈祷」の実践

信仰生活の中で、私は愛の減少感を感じることが多くありました。信仰問題で悩んでも、だれにも相談することができませんでした。そのような中で、真のお父様はどのようにして天使長ルーシェルを屈伏させたのかを考えました。天使長ルーシェルが失敗したのは、愛の減少感です。ですから天使長ルーシェルと同じ程度の愛の減少感を感じたとき、その愛の減少感を乗り越えることができれば、天使長ルーシェルを屈伏させることができるのではないかと思ったのです。

そしてどのようにすれば、愛の減少感を乗り越えることができるのかということを考えた結論が「感謝祈祷」でした。一日が終わる前に、どんな小さなことでも四十、感謝すべきことを挙げて、感謝の祈りをささげるようにしたのです。

十ほど感謝することを挙げるのであれば、それほど難しくないのですが、四十、挙げることは、簡単ではありません。でも、毎日、四十の感謝の祈りをささげることを通して、愛の減少感を乗り越えることができるようになったのです。この感謝祈祷は、愛の減少感を克服するだけではなく、霊界に行くための準備としても大切なことであると思って今も毎日、実践しています。

私たちが霊界に行っても、神様が分かるとは限りません。この地上で常に神様の愛を瞬間的に分かる自分をつくって、初めて霊界に行って神様の愛が分かるのではないかと思うのです。

真の父母様と個人的にかかわりを持ったことは、一九六九年以降もありましたが、夢の中でも、真の父母様との関係を深めることができました。かつてこのような夢を見たことがあります。

それは、高い山に兄弟がみんなで登る夢でした。夢の中で真のお父様が先頭切って登っていかれるのです。そして頂上から真のお父様が、「みんな、後ろを振り向くんじゃないぞ。お父様目指して、お父様だけを見詰めて登って来なさい」と叫ばれました。

私はなぜ真のお父様が、そのように言われるのかと思って、瞬間的に後ろを振り向きました。すると鯨よりも大きななめくじが、ふもとから登ってきて、ゆっくり登っている兄弟をのみ尽くしているのが見えたのです。急いで登っている兄弟は追いつかれません。だから「後ろを振り向かず、さっさと登るように」と、真のお父様がおっしゃったことが分かりました。そうして、富士山よりも高い山の頂上で、真のお父様が叫んでおられるという夢でした。この夢が、現在でも信仰生活を送るうえでの教訓となっています。

もう一つ紹介したいことは、私が文興進《ムンフンジン》様に会食に招かれた夢です。そのときとてもうれしく思ったのですが、会食の席に着くと興進様が私に、「生前、どのようなことをしてきたかを証ししなさい」と言われたのです。

私はそれを聞いて、会食どころではなくなりました。誇るべき実績を持って霊界に行かなければ、恥ずかしくて会食にも行けないことが分かったのです。天が「小室よ、生きているときに、愛の心情で天に宝を積みなさい」と言われる夢だったと思うのです。

二〇〇一年十二月、天宙清平《チョンピョン》修錬苑《えん》に「世界入籍祝福家庭夫特別修錬会」に参加したとき、大母《テモ》様は「長く生きると思ってはいけません。あと一年で霊界に行くとしたら、どのように一瞬一瞬を生きなければならないのか」というような意味のことをおっしゃられました。私は今、その言葉をいちばん肝に銘じて歩んでいます。

ロニヨン・千鶴子

一九六一年四月　入教
四十三双

再臨の主を求めて
〝新約時代から成約時代へ〟

神様との出会い

私は昭和十一年（一九三六年）に、東京の下町、深川で生まれました。寺町といわれるように、周りは多くのお寺が点在しており、私の親戚《しんせき》もお寺で、私は仏教の環境に浸って育ちました。その後、戦争が激しくなったので父の実家に疎開し、終戦を迎えました。

私が十五歳になった中学三年生の秋のことでした。父の故郷である信州の田舎の村に、一人の米国宣教師がやって来ました。戦後、日本には米国から多くの宣教師たちが派遣されて来るようになり、一般にも西洋文明が急速に取り入れられるようになっていました。

山と川に囲まれた信州の田舎では、その当時、外国人といえば、まだ非常にもの珍しい存在でした。そこにウィリス・キャリコという宣教師が、手助けをする日本人の若者たちとともにやって来て、村の公民館でキリスト教の集会を開くことになったのです。

ある日、私が学校から帰って来ると、自分の家の入り口に投げ込まれていたキリスト教集会の案内のちらしが目に留まりました。それを見つけたとき、自分はここに行かなければならないと、何かに打たれたかのように感じたのです。それで私はその日時に、さっそく集会に行ってみることにしました。すると多くの子供たちが集まっていました。その集会は、私にとってすべてが初めての経験でした。

キャリコ先生は、「それ神はその獨子を賜ふほどに世を愛し給へり、すべて彼を信ずる者の亡びずして永遠の生命を得んためなり」という「ヨハネ伝」第三章16節（『旧新約聖書』、日本聖書協会発行）の聖句を用いて、日本語でたどたどしく話すのでした。

私が初めて聞いたその聖書の言葉は、私に深い感銘を与えました。そして、イエス・キリストというかたは、神の子であると信じることができたのです。その日、家路に就きながら私は、非常に喜びに満ちあふれていました。心の中で思ったことは、次の集会のときには「クリスチャンになりたい人は……」という招きに応じて、自分も手を挙げているだろうということでした。

次の集会に行ったとき、私はイエス・キリストを受け入れクリスチャンになりました。それからというもの、熱心に集会に出席し聖書を学びました。けれどもその後も、まだ私の心の中には、すっきりしないものが残っていました。それは神の存在に関することでした。

ある日、集会の時「神様は大勢いるのですか？」と、質問してみました。するとキャリコ先生は、「神様は唯一なるかたであり、創造主《しゅ》で、われわれ人間の天の父でもあります」と丁寧に説明してくれました。私はそのとき、神様は唯一で創造主であられると知って、何か霧が晴れていくように感じたのです。

その夜、家に帰って来て、独り神様の前にひざまずき声を出して祈りました。「天にいます父なる神様！　私は今、あなたのもとに帰ってきました。……」これが、私が初めて生ける真《まこと》の神様と親子の出会いをした瞬間でした。そのときから私は、神様の存在を疑ったことはなく、また神様なくして生きることができなくなりました。心に革命が起こったのです。

人生観がすっかり変わったその後の私は、ただひたすら信仰の道に邁進《まいしん》してきました。そのころ私の通う教会は、小高い山の上に小さな教会堂を建てるようになり、教会員も増えてきました。私は、教会主催の「修養会」に参加する費用を捻出するためにアルバイトに専念したり、昼食のパン代を節約して献金に充てたりしながら、喜びの信仰生活を送っていました。

そんなある日の夜、教会からの帰り道のことでした。神様が私の心に「汝《なんじ》を献《ささ》げよ」と語られたのです。天からの召命です。私の生涯を「天に献げよ」と言われるのです。私は、その召命の声にとっさに応《こた》えることができませんでした。十代の私には、未来に多くの夢があったからでした。しかし神様は「その夢を捨て、自分を捨てなさい」と言われたのです。

信仰生活の悩み

信仰生活を続けていくうちに、信仰生活というものは深くなればなるほど霊と肉との間で悩みが生ずるということを知りました。今から約二千年前の初代教会のころ、ダマスコへの途上で回心してイエス様の弟子となった、あの偉大なる使徒パウロでさえも「噫《ああ》われ悩める人なるかな……」（「ロマ書」第七章24節）と嘆息して、霊肉の葛藤《かっとう》をしていたのでした。

私は人生に悩み、キリスト教に出会って救われたのですが、今度は信仰生活で悩むことになったのです。もし単なるサンデー・クリスチャンで満足していたならば、それほど悩まなかったことでしょう。しかし、イエス・キリストが人類を救うために十字架にかかったと信ずるクリスチャンであるならば、死を懸けて愛してくださったおかたに対して、誠実に報いなければならないと私の心はささやくのです。

聖書を開くと、「人もし我に従ひ来らんと思はば、己れをすて、己が十字架を負ひて、我に従へ」(「マタイ伝」第一六章24節)と記されています。このみ言《ことば》は、私の心にぐっと迫ってきました。それから後もこの聖句は、私が聖書を読むときいつも心に引っかかり、避けようとすればするほど私の良心を苦しめるものとなりました。

やがて私の高校生活も終わり、家庭の事情を考えて就職するため亡き父の知人を頼りに上京することになったのです。今までお世話になったキャリコ先生や、教会の兄弟姉妹にも別れを告げました。これは後日談になるのですが、キャリコ先生の家族とは、その後二十年以上もたってから、思ってもみない再会を果たすことになったのです。

そのころ私は、祝福を受けてニューヨークに住んでいました。ある日、米国の食口《シック》であるメアリーという女性と雑談をしていました。話が進んでいくうちに、彼女のお父さんは、かつて宣教師として日本に行き、家族ともども日本に長く住んだことがあり、父親の名前がウィリス・キャリコだというのです。私は、それを聞いて驚きました。

メアリーさんのお父さんは、かつて私を信仰に導いてくれたキャリコ先生だったのです。

その当時のことを回想してみると、クリスチャンになりたての私たちが、招かれてキャリコ先生のお宅に伺うと、家の中を元気に走り回っている少女がいたことを思い出しました。その時の少女、可愛《かわい》い小さなメアリーちゃんが、今、目の前で私と話しているメアリーさんだったのです。天を愛し誠実で謙虚であったキャリコ先生のことを思い出しながら、このような素晴らしい出会いができたことに感激し、心から天に感謝したのでした。

社会人となって

就職のため、生まれ故郷である東京に十年ぶりに戻ると、そこでは全く新しい東京が私を待っていました。戦後で社会の状況が変わったということと、自分が大人になったということもありましたが、何よりも私がクリスチャンになったということが、別世界で生きるように感じたいちばんの理由でした。

やがて私の落ち着き先は、高田馬場教会に決まりました。教会といっても教会堂の建物はなく、日曜日ごとにＹＭＣＡ（キリスト教青年会）の建物の一部屋を借りて礼拝を行っている教会でした。その教会の牧師は伝道に熱心で、信徒たちは若い人々が多く、活気に満ちていました。山手線の高田馬場駅から早稲田大学へ通ずる早稲田通りを、ひたすらに歩いて行き来した日々が思い出されます。

しかしいつも私の心の中では、自分はクリスチャンであって、天が私に何か別の道を行くように願っているのではないかという思いがして心に引っかかるのです。うわべは楽しくしていても、心の底では喜びがなく不安な日々を過ごしていました。

片方の足をこの世に浸しながら、もう一方で信仰生活に邁進しようとすればするほど、そのギャップに悩み葛藤していくものです。そんな二またをかけた生活が続いていくうちに、その苦しみも限界に来て私はついに天に献身することを決意しました。

今までいつも心に引っかかり、私を悩ませてきた「人もし我に従ひ来らんと思はば、己れをすて、己が十字架を負ひて、我に従へ」（「マタイ伝」第一六章24節）と記されている聖書を開いて、今までの不信仰を悔いて神様の前に祈りました。

「天の父なる神様、イエス様！ 今ここに私の生涯を天に献げます。私の家族、私の青春、そして私の人生は皆、神様、あなたのものです。イエス様が私の主であり、私のすべてです」と、このように天に誓い新しい人生を出発したのです。

それから、聖書をさらに学ぶためにクリスチャン・カレッジに入学することにしました。

このカレッジは、戦後、米国から多くの宣教師たちが来日し、伝道活動を広めていった中で超教派的な学校として設立されたものです。

統一教会に導かれる

クリスチャン・カレッジでの生活も、三年の終わりに近づいたころでした。相変わらず勉学とアルバイトに追われる日々を送っていたある日、同じクラスの男子学生が、自分の働いている所で女子学生を募集しているという話を聞いたので、私はそこに行くことにしました。

放課後、私は彼とともに出かけ、電車の座席に並んで腰掛けました。すぐに彼は、黙って一冊の本をかばんから取り出してそれを読み始めたのです。私は横から、ちらりちらりと盗み見していたのですが、何か引かれるものを感じるのです。不思議な本だなという印象を受けました。なおも続けて盗み読みしていた私は、口に出して尋ねました。

「この本はどういう本なの？　私にも読ませてくれないかしら……」。すると彼は、「この本は自分が読み終わるまでは、他の人に見せてはならないんだ」と言うのです。そう言われると一層読みたくなって、「じゃあ、他の人には見せないから、あなたの次に一週間だけでいいから貸してくれませんか?」と頼み込んで、ついに借りることができました。これが『原理解説』(『原理講論』の前に出版されたもの)でした。

この『原理解説』は、クラスメートの彼が聖日に母教会に行ったとき、松本道子さん(通称、松本ママ)が彼に会って手渡したものであるということが、後になって分かりました。

「一週間だけ」と約束して借りた『原理解説』でしたので、アルバイトに行く途中、電車に乗っているときはもちろん、歩きながらも読み続け、寮に帰ってからも消灯時刻の後もトイレの明かりで、むさぼるように読みました。

ひととおり読み終えたとき、一体この本は何が書いてあったのだろうかと、静かに自問して考えてみました。「創造原理」、「堕落論」、「救世論」など、さっと読んだので深く理解することはできませんでした。しかし、一つだけ私の心に残ったのは、再臨の主がすでにこの地上に降臨されたということでした。その驚きは、天地が引っ繰り返るほどのものでしたが、心の奥底では受け入れることができたのです。そして何か喜びがふつふつとわいてくるのでした。

『原理解説』を返すとき、私は彼に「この教会に連れて行ってほしい」と頼みました。連れて行かれた所が、飯田橋（新宿区）の貧しいアパートの一部屋だったのです。そこで迎えてくださったのが、西川勝（韓国名、崔奉春《チェボンチュン》）先生でした。西川先生のお祈りといい、「統一原理」の講義といい、心情にあふれ迫力があり深い感銘を受けました。初めは、このかたが再臨主ではないかと思うほど、清く尊い存在に感じました。

それからは、「統一原理」の講義を聴くためにそのアパートに通うようになり、その講義を聴くたびに私の心霊は高まり、喜びに満ちあふれていくのでした。この喜びをだれかに伝えたくなり、寮生の姉妹たちや教会の親しい友達などに語りました。

ある日、祈りのグループの中で、熱心な一人の下級生を見つけて、西川先生のいる所に連れて行きました。この男子学生は「統一原理」を聞くと、とても感銘を受けたのでした。それからは、彼も西川先生の所に通いながらカレッジの中でも友達に証《あか》ししたり伝道したりしていました。

ある日のチャペルでのことでした。全校生が一堂に集まるチャペルでは、普段は外部から牧師や宣教師たちが招かれて説教があるのですが、この日は祈祷会が行われることになりました。祈祷会では、だれでも導かれるままに祈ることができるので、その日は数人が祈ったのですが、その後、彼が突如、大声で祈り始めたのです。

「御父上！　御父上！……。アダム、エバの堕落により罪悪六千年の歴史……」という祈りから始まって、「堕落論」、「救世論」というように、「統一原理」の講義のようなお祈りが延々と続くのです。私は身の縮むような思いでいっぱいでした。この出来事によって、統一教会のことが学校じゅうにいっぺんに知れわたりました。異端が入って来たということで、クリスチャン・カレッジではそのことが大問題になったのです。

そこで、西川先生が学校に行って、学校側と話し合ってくれたのですが、結局、受け入れてもらえませんでした。クリスチャンにとって再臨のメシヤの到来は、天地が引っ繰り返るほどの出来事でした。

この時から、私の葛藤が始まりました。学校の教師、宣教師たちから、また教会の牧師や友人たちからの説得が始まったのです。「間違った方向に行ってはならない」とか、「偽預言者に警戒せよ」と懇々と言われたのでした。すると、あの西川先生は偽預言者であるというのだろうかとの思いが、一瞬、胸をよぎりましたがすぐに打ち消しました。聖書には「木はその実を見れば分かる」という聖句があります。

統一教会の西川先生を囲む素晴らしい兄弟姉妹たち、増田勝《まさる》さん、松本道子さん、小河原節子さん（現、桜井夫人）、小室宏之さん、岩井裕子さん（現、神山夫人）、別府美代子さん（一九七二年昇天）、それらの人たちは、私の目には美しい天使の群れのように輝いて見えました。

私はとにかく天に祈って解決しようと決意しました。私にはもう捨てるものが何もありませんでしたので怖くもありません。ただ、この統一教会が本物であるのか異端であるのか、それだけが知りたかったのです。ちょうど春休みに入り、同室の寮生たちが皆、故郷に帰ったので、私は独り真剣に神様に向かうことができました。

「天のお父様！　イエス様！　どうか答えてください！」。今まで、これほど苦悶《くもん》し真剣に祈ったことがあったでしょうか？　それから一週間というもの、真っ暗闇《くらやみ》の中にいるような心境でした。祈って祈って疲れては眠り、また起きて祈り続けたのです。朝になったのか夜になったのか、まるで分からないような状態でした。

一週間くらいたった時でしょうか。祈っていると、イエス様の静かな声が私の心に入ってきました。「この道を行きなさい」と。その声に応えるように私が自分の意志で、この道を行くことを決意して天に祈った瞬間、私の心に変化が訪れました。今まで闇に覆われるようであったのが、さっと引いて平安な思いになってきたのです。霊的な闘いとは実に恐ろしいものであると、そのときの体験を通して知りました。

私はもう迷いませんでした。霊的な闘いを終えて立ち上がった私は、早速、西川先生の所に行き「私を統一教会に入れてください」とお願いしました。先生はにっこりと笑ってうなずかれました。

春休みが明けて新学期が始まり、私は最終学年になりました。そのころも「統一原理」を聞いた私たち三人の学生は、依然として統一教会に通っていて、迫害されても負けないで頑張っていこうとお互いに励まし合っていました。このことを知った学校側は、私たちを退学処分にしようということに決めたのです。

米国人の学長を中心として教役者たちが会議を開き、そこに私たちは一人ずつ呼ばれて、信仰告白を迫られました。つまり統一教会の「統一原理」を信ずるか、統一教会の信仰を棄てるかという二者択一の問題です。私たちは、三人とも「『統一原理』を信ずる」と明言したので、即刻に退学処分になりました。

ところが、私たち三人の中で大声で祈った彼は、学校側と協力した彼の母親によって精神病院に連れて行かれてしまいました。また私を統一教会につないでくれたそのクラスメートは、皆からいろいろと説得されて考え直し、学校にとどまることになったのです。結局、私一人が大学を退学することになりました。その後すぐに、私の母教会としていた高

み言を初めて聞いたアパートの一室で（後列左からロニヨン・千鶴子、桜井節子、前列左から別府美代子、松本道子、神山裕子〈敬称略〉、1961年春、東京都新宿区五軒町で）

路傍伝道に出発する筆者
（1961年夏、新宿区西大久保で）

田馬場教会からも、私のもとに破門状が送られてきました。

成約の教会に入って

一九六一年四月二十五日、私は身も心も軽くなって「世界基督《キリスト》教統一神霊協会」の門をくぐり、この道を行くようになりました。それは私にとって新約時代を卒業して、成約時代に入ったということでした。

その小さな成約の群れは、新人の私を温かく迎えてくれました。まるでもうずっと以前から、私たちは家族として歩んできたような心情の結びつきを感じるのでした。「食口」という言葉を初めて学んだのも、そのころでした。西川先生は、節子姉、裕子姉、それに私が加わって、「若い三人娘ができた」と言って喜んでくださいました。

統一教会に入教して、四日目の朝のことであったと思いますが、再臨主の夢を見ました。啓示的な鮮やかな夢です。それは、私が今まで描いていたような白い衣を着て、天の玉座に座っている主のお姿ではなく、褐色の軍服を身に着けて背筋をまっすぐにして立っていらっしゃる総司令官としての真のお父様の姿であったのです。それでも、このおかたが再臨主であるとはっきり分かる夢でした。それは正に、これからのことを予告しているように思われました。

私は新約時代に再臨主を求めて歩んで来て、やっとここに主を迎えるに至ったのです。でもこれが終着点ではなくて、これからが主とともに闘っていかなければならないということを、この夢を通して教えてくれたのです。私と同じころ、澤浦秀夫さんが入教して食口の一員になり、少し後に阿部トミ子さん（現、石井夫人）が入教してきました。私たちの生活は貧しかったのですが、希望に満ちていて楽しい毎日でした。

午前中は、伝道活動を支えるために天職、つまり、くず屋（廃品回収）をしました。私たちには主様をお迎えし天国を建設するという目標があったので、世間から見れば最低の仕事であると思われるようなことでも全然気になりませんでした。かえって喜び勇んで働くことができ、力が出てくるのです。午後は、おのおの二人ずつに分かれて伝道に行き、夕方に再び一緒になって路傍伝道をするという一日のスケジュールでした。

たとえ体が疲れていても、また大勢の人々から反対されても、一日が終わって共に連れ立って帰途に就くときには、私たちは充実感に満たされて楽しいわが家に向かうのです。

西川先生を囲んで遅い夕食を取りながら、きょう一日の出来事を話し合って、笑ったり慰め合ったりしたものです。私たちは、幼子のようにじゃれ合って笑ったり泣いたりしながら、ちょうど西川先生と松本道子さんという親鳥に保護されているひな鳥たちが、肩を寄せ合いながら生きているそんな情景を思わせるものでした。

こんな楽しい生活が、いつまでも続けばよいなと思ったものです。それこそ天国にいるような心境でした。しかし、このような素晴らしい生活は長くは続きませんでした。開拓伝道を開始する日が近づいてきたからです。私たちはあまりにも幼くて、ただ毎日を一生懸命に励みながら楽しく過ごしていたのですが、そのころの西川先生の胸中はいかばかりだったでしょうか？　この日本の復帰をいかに成していこうかと、焦る思いでいっぱいだったということが後になって分かりました。

この成約の信仰の道に入って私自身、今までの新約時代の信仰と何が変わったのだろうかと考えてみました。まず第一は、人間の責任分担（五パーセント）があるということを知ったことです。今までのキリスト教の信仰観は、すべてが神様のみこころであると解釈してきました。有名な神学者、カルヴァンの「予定説」の中で言われているのは、人間が救われるのも救われないのも、神様の選びによるのであり、したがってイエス・キリストの十字架も絶対なる神様のみこころであるというのです。

極端に言えば、アダム・エバの堕落も神様の予定だったと信じる教派もあるほどです。そのため、人間が努力することもむなしいと考えるのです。しかし、成約のみ言である「統一原理」によれば、人間の責任分担というものが重視されています。これが私にとって非常な驚きでした。

本当は聖書にも、人間の責任分担ということについて述べられているのですが、それが分からないままキリスト教神学は、今日に至っているわけです。それを「統一原理」は、目覚めさせてくれたのです。だから力が出てくるのです。

二番目は、神様の心情について知ったことです。今まで私が考えていた神様の概念というのは、全知全能なる神様が天の玉座に座られて、人間を右と左に眺めながら善と悪とに裁かれるおそれ多い存在でした。

その神様が、悲しんでこられたということを初めて知りました。創造主なる神様は人間の親であり、人類を救うために長い間、涙を流してこられたというのです。この二つのこと、すなわち天の事情と天の心情を知ったことにより、私の信仰の世界に革命が起こったのです。新約時代に雲の上を歩いていたような私は、徐々に地に足を下ろしていきました。

夏期開拓伝道が近づくと、西川先生はだれをどこに遣わせばよいのかを祈り求めながら、一人ずつ大きな都市を割り当てていきました。私は東北の地か、南の方のいずれかということでしたが、東北地方が私を呼んでいるように思えたので仙台を選びました。西川先生は、本当は二人ずつ遣わしたかったのですが「人が足りないので、一人ずつ行ってほしい」と言われました。

一九六一年の夏、日本統一教会における初めての地方開拓伝道が行われました。汽車に乗って任地へと出発して行く兄姉たちを見送りに、駅のプラットホームに皆で集まって、まるで出征兵士を送るような気持ちで聖歌を勇ましく歌い、勝利を祈って送り出したのです。

開拓伝道に行く者たちは、いつも夜行列車の鈍行で出発していたので、私たちはそれをいつしか「お召し列車」と呼んでいました。目的地までの片道キップと、千円のお金をもって皆、元気よく出発したものです。毎晩、一人去り、二人去り、おのおのの任地に向かって散って行きました。

仙台開拓伝道

一九六二年の夏、私はまた仙台行きの「お召し列車」に独り乗っていました。前年（一九六一年）に、初めて開拓伝道で仙台に行ったときのことを思い巡らしていました。当時（一九六一年）、私は統一教会に入教して三か月くらいしかたっておらず、その三か月間は食口たちに囲まれ守られて、天国のような喜びに満ちた日々を歩んでいたのです。ところが急に一人ほうり出されたような立場で開拓地に向かったのでした。

それでも大いなる使命感に燃えて、ただがむしゃらに仙台の地で歩みました。ところが私はキリスト教会から異端呼ばわりされる迫害を受けるようになり、ついには警察ざたにまでなりそうになったのです。そのとき東京の本部の西川勝《まさる》先生から連絡があり、事が大きくならないうちにすぐ帰ってくるようにと言われて、四十日間伝道の半ばにして東京に引き揚げて来たのでした。

東京に戻って少したってから、今度は松本道子さんが名古屋の地で開拓伝道をして土台をつくった後を私が引き継ぐことになり、大阪からやって来た岩井裕子さんとともに名古屋で伝道することになりました。松本さんの汗と涙によって築かれた土台の上に生まれた、三人の名古屋の家庭婦人たち（竹内みつゑさん〔現、長谷川夫人〕、松本静永さん、大野幸子さん）は、若い私たち二人を助けてくださり、共に伝道に励み忘れがたい思い出を残しました。

その後、倉森薫代さん（現、周藤夫人）と組んで他の地方に行ったり、また大阪教会で松本道子さんの下で歩んだりしながら、関西方面を回っているうちに一年がたちました。そして、再び夏の開拓伝道の時期がやってきたのでした。

再び仙台に向かう車中の人となって、夜行列車に揺られながら一年前の苦い経験を思い出していました。私は今度こそは、仙台の地に統一教会の旗を掲げてこようと心の中で何度も固く決意し、いろいろと考えにふけっていたのです。そしていつの間にか、うとうとと眠りに落ちていってしまいました。

突然、人がどかどかと車中に乗り込んで来て、ざわざわと話し始める声が聞こえ眠りから目を覚ましました。夜明けから、仙台に物売りに行く仙台近郊からの行商人のグループでした。そのとき私は今、夢を見ていたことに気がつきました。と同時に今、見ていたその夢が鮮やかによみがえってきたのです。

それは仙台の鉄道が真っ赤に燃え上がり、爆音とともに崩れ落ちていくという夢で、目覚めた後も脳裏にはっきりと残るような啓示的な内容でした。その夢は仙台の地が、成約のみ言によって燃え上がることであると悟り、勇気を与えられました。その夢について思い巡らしているとき、行商人たちの東北弁が耳に入ってきました。するとまた、東北の地にやって来たのだと思い胸がいっぱいになりました。

やがて、終着駅である仙台に降り立った私は、まず仙台の地を見渡せる高台がある、かつての伊達藩の仙台城跡である青葉城公園まで登って行きました。そこで仙台市街を眺めながら、復帰の固い決意に燃えて天に祈りをささげました。それから駅前で、路面電車の一か月間の定期券を購入し伝道開始です。

仙台の地でこれからどのようにして伝道するかを考え、昨年の夏に知恵が足らずに追い出されたキリスト教会から、もう一度訪ねて行くことにしました。仙台という所は、比較的多くのキリスト教会があります。教会を訪ねると、また来たという顔で「結構です」と、すぐにドアを閉めてしまう牧師もいれば、部屋に入れてくれてお茶を出してくれた牧師夫人もいます。

ある牧師は「若いのに感心だね」と言って、「礼拝堂でもよければ、泊まってもかまわない」と言って、しばらくの間、滞在させてくれました。仙台にある教会という教会を徹底的に訪問しました。牧師たちに会って、終末時代が到来したことを告げ、「統一原理」を紹介し、聖書の解釈についていろいろと話し合うのですが、ほとんどの聖職者たちは

「異端だ！」と叫んで、聞く耳を持ってくれません。

教会から追われるようにして出て行くときは、悔し涙でいっぱいになり、しばし人目もかまわず泣きながら祈って歩きました。再び勇気を与えられて次の教会に向かうときには、また笑顔をつくって教会の門の前に立つのです。

夕方には、路傍伝道をするために仙台駅前に行きます。毎日決まった時間に駅から「荒城の月」のメロディーが流れてきました。そのもの悲しい曲を聞きながら、足早に家路を急ぐ人々の姿を見ていると、このように独りで伝道する身の寂しさをひしひしと感じたものです。

しかしそのような気持ちを打ち払い、自らを奮い立たせてマイクを握り、「愛する仙台の皆様！　ご通行中の皆様！」と、民衆に向かって叫ぶとだんだんと熱が入ってきます。人々は何事が起こったかと驚いて、私を遠巻きに眺めています。そうして最後まで聞いてくれた人たちを通して、伝道する人脈を広げていきました。

夜は教会での夕拝、聖書研究会、祈祷会などに参加して、「統一原理」を聞いてくれる人々を見つけるために、必死になって歩き回りました。しかし次第にうわさが立ち、牧師たちから「教理が異なるので、うちの教会には出入りしないでほしい」と断られることが日常茶飯事となったのです。

一日の活動を終えて、夜遅く明かりのついていない真っ暗な礼拝堂にただ寝ることだけのために戻るとき、私はたまらない孤独感に襲われ天の悲しみがこの自分の胸に実感として伝わってくるのでした。

「愛する天のお父様！　ここにいるあなたの娘は、お父様の六千年間の悲しみのご心情が、少しずつ分かってまいりました。しかしあまりにも幼く、あまりにも足りない者でありますゆえ、どうぞこの身を支え力を与えてください！　どうぞ仙台復帰の道を開いてください！」とただ泣きながら、必死で天にすがり祈るしかありませんでした。

仙台で成約のみ言を伝えていくときに、キリスト教会からあまりにも「異端だ、異端だ」と言われて迫害されました。彼らの微動だにせず楽しくして栄えている姿を見ると、私の心の中でこの道に入ったことが、果たして正しかったのだろうかと一瞬、心をよぎるときがありました。

そのとき私は、原点に立ち戻って考えてみました。そして自分に言い聞かせたのです。私がこの成約の道に来ることができたのは、キリスト教の信仰の土台があったからであり、自分の生涯をささげた神様とイエス様によって、明確に示された道ではなかったのかと。

もしこの道が間違いであるとするならば、それは私のキリスト教の信仰の土台がすべて崩れることであり、私がクリスチャンであったということも否定しなければならなくなってしまう。ですから、これからは一瞬たりとも疑うようなことをしてはならないと自分を戒め、それ以後、一度も迷うことはありませんでした。

私は仙台市内に、伝道活動の拠点をつくらなければならないと考え、午前中はそのために廃品回収をすることにしました。私がリヤカーに荷物をいっぱい積んで運んでいると、バス停にずらりと並んでバスを待っている大勢の人々が一斉にもの珍しく眺めていました。私は心の中でいつの日にか、この仙台の人々の中から「統一原理」を聞いて、再臨の主を迎えることができる人々が出てくるに相違ないと考えながらリヤカーを引いたのです。廃品回収で作ったお金と高田さん（初めに伝道された婦人）の献金を合わせて、間もなく「新坂通り」という場所に一部屋、間借りすることができました。

東京の本部から地方に開拓伝道に出るとき、西川先生はそれぞれに開拓教会の看板を書いてくださいました。大事に持参してきたその看板を、間借りした二階の窓際に掲げました。看板には、「世界基督教統一神霊協会 仙台教会」と記されていたのです。後で考えると、そこの部屋を貸してくれた家主さんも、随分、私たちに好意的な人だったと思います。

早速、本部に新しい住所を連絡すると、伝道用のパンフレットが送られてきました。これで本格的に伝道していくことができるようになり、また新たなる気持ちで出発したのです。このように象徴的ではありながらも、仙台に統一教会の旗を掲げたのですが、実体の条件として三人の基台をこの仙台の地から立てなければなりませんでした。そのころ、後に入教して祝福家庭となった二人の姉妹、佐藤孝子さん（現、南夫人）と山崎節子さん（現、葛上夫人）も、「統一原理」を聞きに通って来るようになりました。

しかし私の心は焦るばかりです。教会伝道、家庭訪問、路傍伝道、大学のキャンパスなど、あらゆる分野で伝道しました。徐々に「統一原理」の講義を聞いてくれる人も増えてきましたが、最後まで受講して喜んでくれた人たちが次に会ったときには心が全く変わってしまっているのです。

そのようなときには、私の胸はつぶれるような思いでした。「天のお父様！　あなたの娘はここにおります。人々が裏切っていっても、私はあなたから去りません。天のお父様のご心情を知ったからです」。何回も何回もこのような経験をしては、涙して天に祈ったものでした。

仙台での初穂

そんなある日のこと、一通の手紙を受け取りました。それは韓国から来たもので、東京の本部から転送されてきたものです。主様のおそばにお仕えしておられる李貞玉《イジョンオク》先生の筆によるものでした。

地方開拓に出ている食口たち一人ひとりのことを覚えておられて、深い思いをかけてくださっている真のお父様のご心情が文面から読み取れ、手紙を読みながら胸が震え、涙が止まりませんでした。西川先生が、すでに日本の開拓伝道のことを真の父母様につぶさに報告しておられたのです。その手紙を何回も読み返しては涙しました。真のお父様が、幼い私たちのために切に祈りをささげてくださっていることを知ったのです。私は再び心の中で、早く仙台の地に基台を立てようと決意するのでした。

路傍伝道は、仙台市内の繁華街の東一番町ですることにしました。「終末時代」の垂れ幕を張って、マイクを握って叫んでいる私の姿を見て人々は、不思議な宗教だなと思って見物していたのかもしれません。そんな中に、今日の日本統一教会を代表する一人の兄弟がいました。小山田秀生さん（日本統一教会元会長）です。

小山田さんはその当時、東北大学の学生でありクリスチャンでした。たまたま東一番町を歩いていて私が路傍伝道をしている姿を見ていた彼は、自分の教会の日曜学校の生徒に「あの教会にだけは、行かないように」と言ったそうです。しかし天の導きは不思議なもので、後に彼もその日曜学校の生徒も、統一教会に入教し食口になりました。

そのころの私の格好といえば、片方の手には伝道用の大きなかばんをさげ、一方の肩には拡声器を掛けていて、そのうえさらに小さな黒板まで持ち歩いているといういでたちでした。しかし名古屋を開拓した松本さんと比較すれば、私のほうがまだ常識ある人に見えたかもしれません。松本さんはそのうえにのぼり旗を立て、バスの中でもどこにでも行進していったのですから。

あるとき小松島という所に、人を訪ねて行った帰り道でのことです。田舎道をとぼとぼと歩いていると、静かな緑地に行き当たりました。心身共に疲れていた私は、大の字になって寝転んでしばし青空を眺めていました。そのとき、私の胸に天の復帰の心情が、ひしひしと迫って来たのです。特に、二千年前のイエス様のことが胸にわき上がってくるのでした。それは、多くのクリスチャンたちが考えているような神様の子としてのお姿ではなく、「人の子イエス」として歩まれたお姿でした。

「狐は穴あり、空の鳥は塒《ねぐら》あり、されど人の子は枕する所なし」(「ルカ伝」第九章58節)。その聖句のとおり孤独なイエス様でした。その悲しくつらい天の心情を、クリスチャンたちは全く知ることなく二千年間、ただ主イエス・キリストに助けを求めてすがってきたのでした。

「凡て労する者・重荷を負ふ者、われに来れ、われ汝らを休ません」(「マタイ伝」第一一章28節)。この聖句の裏に秘められているイエス様のご心情は、いかばかりだったでしょうか? そのことを思うと、泣けて泣けてしかたがありませんでした。

私は成約のみ言に触れ、初めて新約のイエス様の心情が分かってきたのです。考えてみれば、それはすべて成約のみ言を明かしてくださった再臨の主によってもたらされたものでした。しかしそのころの私は、まだ幼く真のお父様の偉大さを悟るすべもなかったのです。千辛万苦を乗り越えて、勝利された真のお父様のご心情に触れて涙するようになったのは、それからずっと後のことでした。

仙台の地に秋も深まったころ、一人の青年が統一教会の伝道所を訪ねて来ました。私が夏に開拓伝道をしに来た当時、教会訪問に明け暮れしていたころに出会った青年で、聖イエス教会の信者でした。この青年こそ、仙台の初穂として天が準備され、仙台統一教会で献身的に歩む初穂となった阿部知行さんです。

そのころキリスト教会からの迫害を盛んに受けていた私は、「天のお父様、この仙台の地で最も神様を愛する人に会わせてください！」と、このように天に祈り叫んでいました。そうして仙台統一教会としての看板を掲げることができたので、彼にも「統一原理」の講義の案内を送っていたのです。

秋田県出身の彼は、当時、東北大学工学部の二年生でした。彼はまた再臨を待望する熱心なクリスチャンであり、雲に乗って来られるイエス・キリストを迎えるために、朝早く広瀬川のほとりで空中に飛び上がる練習をしていたというのですから驚きです。

さすがの私も、いまだかつてこのような人に会ったこともなければ、このような話を聞いたこともありませんでした。でもお互いに話をしていくうちに、神様を愛すること、イエス様の再臨を待望していることに共通点を見いだし、彼は「統一原理」の講義を聞くことになったのです。

後で聞くところによると、実は阿部さんもこの私を伝道して、聖イエス教会につなげようと思って来たということでした。初めに「メシヤ降臨と再臨の必要性」を講義しました。講義を聴き終わった彼は、いろいろと反論もしましたが「統一原理」に引かれていることも事実なので、講義をひととおり聴くことを約束したのです。

第一の難門は無事に通過したものの、果たして彼が次の約束の日に来るかどうかが心配でたまりませんでした。でも彼は約束の日に来てみ言を学び、その後も続けて受講していくようになったのです。阿部さんは、講義を聴くたびに喜びに満ちていくように感じました。私はひたすら彼に希望を託し、彼のために祈り続けました。この間、周藤健さんが巡回に来たことも大いに助けになりました。

ついに阿部さんに主を証《あか》す時になりました。何といっても、彼にとって最大の関心事は再臨の主のことです。すでに彼は、「主が地上に肉体を持って現れても、自分は受け入れられる」と言っていました。そこで私は、阿部さんにすでに肉体を持ってこの地上に誕生されている再臨のメシヤについて証ししました。彼は非常に衝撃を受けたようすでしたが、「信じます」と言って、天に祈りをささげたのです。

「統一原理」のみ言に感動した阿部さんでしたが、現実に直面したときには耐えがたい苦痛に襲われたのでした。彼は悩みに悩んで、ぼう然としながら仙台市内をさまよい歩いたそうです。そうして三日目の夜、イエス様が現れて「わたしがこの道に導いたのである」との声を聞いたのだそうです。その声は、イエス様の慈愛に満ちた声であったので、彼はこの道が正しいことを確信したのです。彼はすぐに大学を退学し、聖イエス教会と別れて統一教会の東京の本部に向けて出発しました。

それからが大変でした。阿部さんが統一教会に行ってしまったことを知った聖イエス教会は驚愕《きょうがく》して、その教団の責任者がすぐに彼の後を追って行きました。少したって阿部さんから便りがあり、そこには「いろいろと説得されたけれど、自分の決意は変わりませんのでご安心ください」と書いてありました。

次に降りかかってきたのは、家族からの反対です。学校の教師をしていた阿部さんのお母さんから便りが来て、「うちの息子を取っていったのは貴方ですか……」という書き出しで、達筆な文字で滔々《とうとう》とつづられていました。無理もありません。秋田県の田舎から有名な東北大学に入ったというだけでも、どんなにか周りの人々から将来を期待されていたことでしょう。それがあっという間に、連れ去られるように大学を辞めてどこかへ行ってしまったのですから。私は心の中で言いました。「お母さん！　いつの日か必ず、あなたの息子を天の息子としてお返しいたします」と。

それから間もなくして、阿部さんのお父さんが私を訪ねて来ました。お父さんは、秋田で校長先生をしていらっしゃる、りっぱなかたでした。そのお父さんが、自分の息子が、突如このようになったので、一体何事が起こったのかと思い、事の真相を知るために息子に会ってその帰り道であるというのです。

お父さんが上京して東京の本部に着いたとき、すでに息子の知行さんは地方に出た後だったので、お父さんは息子を追って福岡まで行き、息子に会って来たのだそうです。「いろいろと話し合ったけれど、息子の考えは変わらない。でも、元気でやっている姿を見たので帰って来た」と言われるのです。初めは、怒られるのではないかと思って緊張していた私も、その言葉を聞いて安堵《あんど》しました。また阿部さんが元気で頑張っているということも分かって、内心、天にも昇る思いでした。

お父さんは、帰り際に私に向かって「春日（旧姓）先生、これからも息子をどうぞよろしくお願いいたします」と言われて、丁寧に両手をついて深々と頭を下げられたのです。そしてお土産の和菓子の折り箱を置いて帰って行かれました。私はこのときの感激を決して忘れることはないでしょう。これはずっと後の話になるのですが、阿部さんのお母さんも統一教会の教会員になられ、「原理」講師となって婦人部で大いに活躍されたと聞いています。

このような歩みをしていくうちに、一年がたち再び夏がやって来ました。そして、二人

崔奉春宣教師が仙台を巡回されたとき（右端が筆者、1963年）

の姉妹が立ち、仙台から献身的に歩むようになっていきました。南孝子（旧姓・佐藤　七七七家庭）と葛上節子（旧姓・山崎　一八〇〇家庭）さんです。そのとき東京の本部から、星野一夫さんが仙台教会の地区長として遣わされて来ました。彼は小河原節子姉が広島の開拓伝道をしたときに、汗と涙の結実として伝道した兄弟です。

彼が来てから、仙台教会はさらに一段と大きく飛躍していきました。伝道所も一軒家に移り受講者が次から次へと来訪し、毎日が忙しく教会内はにぎわいました。私の心は春が巡って来たように希望に満ち、充実した日々を過ごしたのです。

このころ東京の本部から一人の姉妹が、伝

道を助けるために仙台教会に遣わされて来ました。藤本信子さん（四十三家庭、一九八五年昇華）です。藤本さんは、生後三、四か月くらいの乳児を背中におぶってやって来ました。暑い夏の四十日間、共に廃品回収や伝道に励み、来訪者の接待や雑用などをして一生懸命に尽くしてくれたのです。

星野さんが、東北大学の聖書研究会で小山田秀生さんと出会って、統一教会に導いたのはそれから間もなくのことでした。阿部さんに続いて、小山田さんも献身的に歩むようになり、この東北大学からはその後、優秀な学生が続々と仙台教会に入教してきました。それから後も、私は星野さんとともに伝道活動を続けていましたが、やがて新しい出発をすることになりました。東京の本部から派遣されて来た広岡きくゑさん（現、堀夫人）とともに、秋田開拓に出発することになったのです。

この仙台開拓時代を振り返ってみるとき、今でも私の胸の中では、「ああ、わが仙台開拓史！」として、熱くよみがえってきます。孤独と闘って歩んだ日々、ただ無形なる天を頼りながら天の父とともに泣き、喜び合った伝道の日々でした。

それは単に自分が「成約のみ言」を仙台の人々に伝えるために開拓に出たというだけではなく、神様が私を天の真の子女とするための訓練期間であったように思われるのです。

私にとってこの仙台での開拓伝道は、自分の若き日に成約の一ページを天とともに歩んだという貴い宝物として、永遠に心の中に残っていくことでしょう。

ああ、再臨の主にまみえて

東北地方で伝道活動を続けていた私は、再び関西方面に行き、その後、北陸の地に派遣されるなど地方を回っていました。そのような中、やがて再臨のメシヤであられる真のお父様をお迎えする時がやって来ました。

一九六五年一月二十八日、ついに私たちが待ち焦がれた文鮮明《ムンソンミョン》先生は日本の地に降り立たれました。このとき私は、広島教会にいたのでこの歴史的な瞬間を目にすることはできませんでしたが、東京の本部からの連絡を待ちながら先生ご一行の巡回される日のために心を尽くして準備をしていました。

広島教会には当時、神山威《たける》さん、岩井裕子さん、今井繁行さん、そして私などの献身的メンバーと、地元の青年たちや壮年婦人部の人たちが共に活動していました。特に婦人部の林信子役事（一九七八年昇華）は、若い私たちを支えて経済的にもいろいろと援助してくださいました。真のお父様が来日されたこのときも、ご一行をお迎えするために大いに張り切っていました。

以前から私たちは、西川先生からメシヤ観についていろいろと教育されてきましたが、キリスト教から来た者にとっては真のお父様をお迎えすることは緊張の極みです。

二月四日、いよいよご一行が来られる日がやって来ました。私たちは広島駅にお迎えに行きました。列車から降り立たれたそのおかたは、微笑を浮かべて私たちに応えてくださいました。大きなかたであるというのが、私の第一の印象です。そして私は、「このおかたが、そのおかたである」と心の中で反復していました。

ご一行が広島教会に到着されると、すぐに文先生の説教が始まりました。皆、その力強いみ言に吸い寄せられるように聴き入っていました。そのときです。突然そのお顔から、はらはらと涙がこぼれ落ちたのです。説教の中で、イエス様のことを話されていた時のことであったと思います。そのとき私は、すごいショックを受けたのを今でも覚えています。私はこのおかたが再臨の主であり、実体のお父様であると実感しました。

それから歓迎会が始まり、私たちは真のお父様の大きな愛の中にすっぽりと包まれてしまい、楽しいひとときを過ごしました。西川先生が私たち一人ひとりのことを誇らしく紹介すると、真のお父様は深くうなずいていらっしゃいました。おそばにおられる崔元福《チェウォンポク》先生も、絶えずにこやかにされて一人ひとりを優しく見守っておられました。

お食事をお出しする時になりました。何日も前から岩井裕子姉と頭をひねりながら試行錯誤を積み重ねた結果、韓国料理と言えるかどうか分かりませんが、とにかく精誠を尽くして料理したものを真のお父様にお出ししたのです。

広島に真のお父様をお迎えして
（前列左から2番目が筆者、1965年2月5日）

真のお父様は、それを召し上がりながら「おいしいよ」と言われて、わかめスープをお代わりしてくださいました。やがて楽しい和動会も終わりに近づき、皆で聖歌「栄光の賜物」を讃美しました。

はるかに輝く栄えの光
強く生きよ自由の生命
この地の果てまで目覚め立て
生命の光、永遠にあり

歌っているうちに、私は胸がいっぱいになり込み上げてくるものをぐっと抑えるために下を向いて耐えていました。泣くまい泣くまいと我慢していたのですが、ついに堰《せき》を切ったように声を上げて泣いてしまったのです。泣くというよりは、嗚咽《おえつ》といったほうがよいかもしれません。もう止めようとしても止まりません。

そのとき、私の目の前に座っておられた背広姿の真のお父様の姿が、突如として変貌《へんぼう》したのです。私が見たのは、真っ白い衣を召されて大きな雲の上に堂々と座していらっしゃる再臨の主の栄光に輝いたお姿でした。私の背後から天に至るまで、霊界にいるキリスト教徒たちが列を成して連なっている光景が見えたのです。

再臨の主をお迎えしたこの佳《よ》き日、肉体を持っているこの私を先頭にして、霊界のクリスチャンたちが神様を褒めたたえ、再臨主に敬拝をおささげし感激してむせび泣いているのです。後になって考えてみると、これは多分、霊界で実際に起きていた出来事だったのではないでしょうか？

死から蘇《い》きたこの我は
蘇かしたお方に抱かれて
永遠の愛と恵みの声
いついつまでも喜びを
いついつまでも讃《ほ》めまつれ

なおもしゃくり上げていると、ふとこの光景を客観的に眺めているもう一人の私がいることに気づいたのです。その私の耳に、この聖歌がいつまでも厳かに響いていました。

石井トミ子

一九六一年六月　入教
四十三双

真《まこと》のお父様に初めてお会いして

輝いて見えた「原理」の文字

私が統一教会の門をたたいたのは、一九六一年六月の梅雨のころです。「統一原理」との出会いは、次のような経緯で訪れました。新潟から東京に出てきた私は、聖書をテーマにした「ベン・ハー」や「十戒」の映画を見て、キリスト教を深く学んでみたいとの思いに駆られたのです。そこで電話帳で探して、神田（東京都千代田区）にあるキリスト教会に電話をしました。

後日、約束どおり聖書研究会に出席するために教会を訪ねると、教会の前にある料理の講習とか歌やダンスの看板が目に入ってきたのです。また若い男女のカップルが出入りしているのを見て、がっかりしてしまいました。自分が思っていた教会とは違っていたのです。電話で話した牧師さんに、お話を伺いたいと思って探すのですが見つかりません。

それで「きょうは帰ろう」と思ったとき、その教会に掲示されていた「原理講義」と書いてある葉書サイズの貼り紙が目に飛び込んできました。文字はペンかマジックで書かれていたように思いますが、「原理」という文字が輝いて見えたのです。そのとき、「これは私が今、知りたいと願っていることを教えてくれる」と直感したのでした。矢印の示す方向に進んで行くと、トイレの近くの一番奥の部屋にたどり着きました。ドアをノックすると、一人の婦人が私に声をかけてきたのです。

「お嬢さん、よくいらっしゃいました。今まで大勢の人がいたのですが、たった今帰ったところです。さあどうぞ」。

このように話しかけてきたのは、松本道子先生（通称、松本ママ）です。後で松本ママに聞いて知ったのですが、私が部屋を訪ねる前にはだれもいなかったというのです。けれども私は、聖書を学びたかっただけですから、何人いるかどうかはまったく関係がありませんでした。松本ママは私を座らせると、すぐに黒板講義を始めました。大学ノートを見ながら、「創造原理」の講義をしてくれたのです。

そのとき私は、この教会の女性牧師が講義をしていると思ったのです。それにしても、ここは不思議な所だと感じました。これも後で分かったことですが、既成教会の一室を借りて講義をしていたのです。講義を聞きながら、感動と驚きの連続でした。松本ママが「喜びとは」と言って、その後の言葉が出てこないのです。「ちょっと待ってくださいね」と言いながら、大学ノートと本を見ながら再び語り始めるのです。

「喜びとは、構想理想が実現しただけではうれしくありませんね。あなたが本当に美しいと言われても、それだけでは本当の喜びではないでしょう。あなたが鏡を見て、本当にきれいだと相対的に感知したときに喜びがあるのです」。み言《ことば》には、命を蘇生《そせい》させる大きな力があることを感じました。初めは「不思議な女性牧師で、なぜこのように貧しい姿をしているのか」と思ったものです。そのときの松本ママは、茶色の分厚い靴下をはいていました。その靴下のほころびが、糸でかがってあるのです。

それに普通は眠るときにかぶるネットを頭にして、講義しているのでした。また靴を見れば、かかとがずいぶんと減った靴を履いているのです。私はそのとき銀座のデパートに勤めていたこともあって、他の人以上に身なりに目が行ったのかもしれません。しかしそのような外的なことよりも、み言に心を打たれたのです。

特に衝撃的だったことは、喜びの対象であった人類始祖のアダムとエバが堕落することによって親子の因縁が失われ、そこから神様の涙の歴史が始まったということです。「神様が悲しんでおられる」という言葉を聞いて、本当に驚きました。講義を聞きながら、涙が止めどなく流れ落ちました。

私の母は仏教徒でしたが、私は幼いときから「何か悪いことをすれば、必ず神様が見ているから」ということを、いつも母から言われて育ってきたのです。ところが年を重ねるごとに、神様に対する不信感を抱いていたのでした。ですから愛の神様がいらっしゃることを知ったときの喜びと、その神様が人間のために悲しんでこられたことを知って涙を流したのです。

その日、「創造原理」の講義が終わると、「きょうは、これまでです。明日の堕落論はもっとすごいですよ。さあお嬢さん、一緒に帰りましょう」と言うのです。それで初めて、この教会の牧師でないことを知ったのです。

ところで松本ママの最初の講義は、私一人だけでなく友達と一緒に聞いたのでした。実はその友達と二人で受講したという記憶はあまりないのですが、講義を聞いて教会を出たときに、彼女が言った次のような言葉は覚えています。

「あれ大変よ、ああいうのは絶対に聞いちゃだめよ」。

その言葉を聞いて、同じ人間でもこれほど違うものかと感じました。また彼女に対して憤りのようなものを感じ、「たとえ内容がどうであっても、あれほど熱心に語ってくれた人にそのように言うのは失礼ではないか」と思ったのです。もしその友達の言うことに従っていたならば、この道には来なかったことでしょう。彼女の進言も耳に入らないほど、講義を聞いて感動していた私でした。

忘れられない不思議な夢

その後、数回、松本ママから「統一原理」を学ぶためにその既成教会に通いました。そのころ、不思議に思うことがありました。それは日曜日に「なぜ礼拝に誘わないのだろうか」ということです。私は教会には十字架があり、パイプオルガンがあるすてきな所と考えていました。後で分かったことですが、松本ママが私を礼拝に誘わなかったのは、「統一原理」を最後まで聞かないと、必ずやつまずいてしまうに違いないと思ったからでした。

私は礼拝に参席したい旨を松本ママに話し、初めて礼拝に行くこととなりました。案内されて行った教会は、表に何の看板もなく、六畳が二間あるだけの小さな古い一軒家でした。初めは松本ママの家かと思ったのです。教会に着いたときは、一方の六畳間で礼拝はすでに始まっていました。この教会は、アパートの一室から初めて一軒家を借りた大久保（新宿区西大久保）の教会でした。

礼拝が行われていた部屋の正面に大きな黒板があり、三十代ぐらいの青年（説教者）が、たった五、六人しかいない人たちを前にして激しい口調で語っていました。立派な聖書を手に持って机をたたき、汗をびっしょりかきながら語っているのです。なぜこの青年にこんなに怒られなければならないのかと思いましたが、説教者の顔はイエス様のように崇高に見えました。その方が、初めてお会いした西川勝《まさる》（韓国名、崔奉春《チェボンチュン》）先生でした。

西川先生は初夏の六月中旬であるにもかかわらず、よれよれの冬物の背広を着て、汗だくになっています。そして、目はらんらんと輝き、顔を紅潮させて、聖書を片手に持って大きく両手を広げて「人類は愛と真理の人格革命をしなければならない」と訴えるのです。外的な体制の革命ではなく、内的な愛の革命という言葉を聞いてとてもうれしく、興奮して胸が熱くなってくるのでした。

礼拝が終わったとき、心が引かれるとてもすてきな婦人がおられたのです。姜淳愛《カンスネエ》さん（当時四十六歳）でした。姜婦人は日本にみ言を伝えるために来られた西川宣教師を助けるため、一九六〇年九月に日本に来られたのです。姜婦人は松本ママとは、対照的な性格の方でした。松本ママは烈女であるのに対し、姜婦人は物静かな方でした。一九八三年に米国で亡くなられています。

礼拝に参加した後、西川先生から受講するようになったのです。初めて松本ママから講義を聞いた所は、四十日間、既成教会の一部屋を借りて伝道していた場所だったのでした。そのころは功労あるクリスチャンを伝道しようとしていたようですが、クリスチャンは講義を聞いても最後まで残る人はいなかったのです。そしてクリスチャンでもない私が、四十日間の終わりごろに来てみ言を聞いて一人残ったのでした。

西川先生の「復帰原理」の講義を聞いて驚いたのは歴史観です。歴史が偶然に流れていたのではなく、神様が背後におられて導いてこられたことが分かったのです。講義を聞くにつれ、「この教えはどこから始まったのだろうか」という思いを抱きました。ところが西川先生も松本ママも、そのことはなぜか教えてくれないのです。

韓国から伝えられたものであると言えば、不信するのではないかと心配してのことだったのです。私はこのみ言が、アメリカ人が解明し、アメリカから始まったと聞けばむしろ信じなかったかもしれません。後に悲惨な歴史を持つ韓国から始まったと聞いて、「これは本物に違いない」と思いました。

人生に対する深まりゆく悩みの中で、「統一原理」に出会った喜びは表現しがたいものがありました。「統一原理」の中には、人間の行くべき幸福への青写真がはっきりと示されていて、信じて余りある内容が凝縮されていたのです。

講義がすべて終了したとき、松本ママが部屋に入って来ました。そこで私の進路を決定することになったのです。そのときは「私はやっていけるだろうか」という不安があり、少し悩みました。当時の大久保教会は、六畳の部屋が二つと台所しかないので、押し入れ

入教した大久保教会で（右から石井トミ子さん、姜順愛さん、松本道子さん、1961年）

大久保教会（現在、東京都新宿区大久保）

に人が寝ていたときでした。私にも自分一人で考えたいときもあります。それにお金を自分で自由に使えそうもありませんでした。

このような悩みはありましたが、霊的に押し出されるようにして職場と習い事も辞めて、み旨の道を行くことを決意したのです。私の決意を聞いた西川先生と松本ママは何も言いませんでしたが、嬉《うれ》しさを抑えるようにして喜んでくれました。このときの二人の顔は、今でも忘れることができません。

そのとき西川先生は、お祝いをすると言ってすぐに出て行かれたので、ケーキでも買いに行かれたのかと思っていると、西川先生が戻られて私の前に並べたのは三個の黄色いカンロ飴《あめ》でした。でも西川先生の喜びが手に取るように分かったので、カンロ飴でも何十個のケーキに代えられないほどの物で、お祝いしてくださったように感じたのです。

教会の仕事に専従することを知人に伝えると、強く反対されましたが、私の決意は変わりませんでした。しかし多くの人に反対された夜、「自分はやっていけるだろうか」という不安を抱いていたとき、忘れることのできない不思議な夢を見たのです。

月の光に照らされながら、果てしなく広い砂漠を白馬に乗っておられる方を中心に楽しそうに歩いています。そこには西川先生をはじめ五、六人の教会の人の姿が見えました。

その行く手に目をやれば、澄み切った空が輝いています。

あまりの美しさのため、私もその後からついて行くのですが、後ろを振り向くとすでに引き返すことのできないほどの距離を歩いていました。不安に思っていると、白馬に乗った方が後ろを振り向かれて、私の顔に顔を近づけるようにして「間違いないからついてきなさい」と言われたのです。

私の後方を見れば暗くて地獄のようであるのに対し、前方は天国のようでした。私に言葉をかけてくださった方は、一体どなたなのだろうか。その方の温かい眼差しが、私の心を捕らえて離れませんでした。

廃品回収と路傍伝道

教会に入って最初に与えられた仕事は、会計でした。最初「会計をしてください」と西川先生から言われたとき、正直言って驚きました。会計は信仰歴も長く、信頼のおける人がふさわしいと思っていたからです。内心辞退したい気持ちでいっぱいでしたが、もう一方の心は信頼してくださる西川先生の心が、とてもありがたかったのでした。

このころは、西川先生を囲む五、六人の教会でしたので会計といっても小規模なものでした。それに衣食住は二の次で、お金があればまず伝道のためのパンフレットを作ることを最優先しました。そのため夕食のおかずを買うお金もないのは、日常茶飯事でした。そのためお金を工面するために奔走するのが、会計の役割だったのです。

このような日々ですから、忙しくて時間が取れないときは、塩をおかずにして食べたり、伝道した先で頂く以外はほとんど何も食べずに過ごしました。それでも、貧しくて辛《つら》いと思ったことはありません。私たちは西川先生を親のように慕って、「パパ」と呼んでいました。なぜなら一つの家族のようで、血を分けた兄弟姉妹のような深い心の絆《きずな》があったからです。

当時は朝食を済ませると、すぐに廃品回収に出掛けます。午後は路傍伝道です。廃品回収はまだよかったのですが、路傍で人々に訴えるのは恥ずかしくてたまりません。竹ざおに結んだ旗を広げて、道行く人々に訴えるのです。

「廃品回収は一日やってもいいけど、路傍伝道の時間になるとちょっと悩むわ」と、小河原さん（現、桜井節子夫人）に言ったことがありました。小河原さんが「私だって同じよ」と言ったのを聞いて、ほっとしたのを思い出します。

そう考えると、松本ママは本当に偉かったと思います。「さあ皆さん、伝道に行きましょう！」と言って、路傍に出て旗を広げて堂々と人々に訴えるのです。旗には「救いとは人間祖先の堕落に始まった罪悪世界を創造本然の世界に復帰して、神の天宙創造理想を実現する事である」という内容が書かれていました。

新宿で三日間断食をしながら、路傍伝道しているときのことです。酒に酔った男性が、旗に書かれている内容を見て私を突然、突き飛ばすのです。「堕落したのは、おまえの祖先だけだ」と言うのです。よほど、旗に書かれていることがしゃくにさわったのでしょう。それから、「人間祖先」の箇所を「人間始祖」と書き換えて伝道するようになったのです。でも正確にいえば、「人間始祖」と表現するほうが正しかったのです。

今はみ言は山のようにありますが、その当時は『原理解説』しかありませんでした。信じることのできる基盤もなかったので、霊界が直接、協助してくれたのでしょう。天使長のガブリエルやミカエルが何度も現れ、私たちを導いてくれたのでした。ガブリエルは「汝《なんじ》らを獅子のごとく育てる」と言い、父親のような厳しい愛で私たちに臨んだのです。

一方、ミカエルは母親のように優しく諭してくれました。会計の責任分担にあった私が金策に悩んだとき、ミカエルは「愛する神の子たちよ、金銀財宝は汝のために埋めてある……」と希望を与えてくれるのです。また、次のようなメッセージをミカエルからもらったこともありました。

「『兄弟は愛し合って一つになりなさい。そうしなければ、私が働くことができない』と、神様が言われます」。

人間関係で悩んだときも、「自分なりの升《ます》を作って、当てはめようとしてきた私が間違っていた」ということも、天使を通して悟ったことがありました。このこと一つを悟っただけで、どれほど重荷が軽くなったことでしょう。結局、問題はほかの所にあったのではなく、私自身にあったのです。このようにいろいろなかたちを通して、天使からも信仰のイロハを教えてもらいました。

「鶏が食べるので」と言って、普通なら捨ててしまうような物をもらってくるような清貧のなかでも、いつも高貴なものを感じていました。見えない方に、いつも頭を下げて生活することに心が引かれたのです。私が統一教会に入教した直後から、日本で初めての開拓伝道が行われました。松本ママの任地は、名古屋でした。

大阪、京都、広島、仙台にも先輩たちが開拓伝道に出掛けました。私はこのとき、東京に残って会計、総務などの仕事をしていたのです。大阪は増田勝さん、京都は小河原節子さんと岩井裕子さん（現、神山夫人）、広島は澤浦秀夫さん、仙台は春日千鶴子さん（現、ロニヨン・千鶴子夫人）が開拓に出掛けたのでした。

久保木修己先生が統一教会に来られたのは、私が入教した翌年（一九六二年）でした。立正佼成会の会長秘書と書かれた名刺を受け取ったときが、昨日のように思い出されます。素晴らしい人が来られたので、「どうか、立正佼成会がみ旨の前に立つことができますように」と真剣に祈りました。

一九六三年一月下旬、神奈川県にある大山に、久保木先生をはじめ十人ほどで登ったことがあります。そのときは寒くて、体に新聞紙を巻きつけて徹夜祈祷をしたのですが、途中から、何かに包まれているように感じ、寒さを忘れてしまうようなときがありました。そのときです。ある霊的な人が、「立った。立った」と叫び出したのです。モーセがホレブ山で神様の声を聞いたように、久保木先生が神様と出会われたのは、その直後のことでした。

その後、立正佼成会の青年たちが第一期生として統一教会にやって来て、草創期の基盤をつくったのです。夫（石井光治元会長）もその中の一人でした。その修練会のとき霊的に日蓮上人が現れて、響き渡るような声で次のようなメッセージを語ったのです。

「『我、日本の柱とならん。我、日本の眼目とならん。我、日本の大船とならん』と言ったが、汝らは、『我、世界の柱とならん。我、世界の眼目とならん。我、世界の大船とならん』となってほしい」。

聖地決定に随行して

真のお父様が日本に初めて来られたのは、一九六五年一月二十八日です。このとき初めて真のお父様にお会いしたのですが、その少し前、李貞玉《イジョンオク》先生を通してお父様からお手紙を頂きました。そのお手紙には、「父母の心情、僕《しもべ》の体となって多くの人を育ててください」と書かれてありました。この言葉は、幼い私にはあまりにも高度な内容でした。しかし幼い者に期待してくださる真のお父様の心遣いに、あふれる涙をどうすることもできませんでした。そのとき頂いたお手紙は、その後も何度も読み返し今はぼろぼろになりましたが、その後の信仰生活においても大きな励みになっています。

このとき私は、真のお父様の接待役という大任を与えられました。荷が重すぎると思いながら、内心は小躍りするほど嬉しかったのです。それは真のお父様を身近に接することができるからでした。

真のお父様に対する第一印象は、外的にはプロレスラーの力道山のように見えました。また自分では量ることのできないほど、スケールの大きな方であると感じたのです。幼いころ、父に連れられて初めて海を見たとき、故郷に流れる新潟の信濃川からは想像もできない広さだったことと同じでした。

当時、私たちは西川先生を「パパ」と呼んでいました。ところが真のお父様にお会いすると、西川先生がパパから急に私たちのお兄さんのように思えてくるのでした。霊的にそのように見えたのかもしれません。真のお父様は一人ひとりに声をかけられ、私にもはるばる海を越えて娘に会いに来た父親のように親しげに優しく、「トミちゃん」と声をかけてくださいました。

今まで自分一人で堪えてきたさまざまな辛いことが、すべて心の奥から突き上げるようにあふれてきて「お父さん!」と、その胸にすがって思い切り泣きたいような思いになったのです。そんな自分を押し隠すように、お茶を取りに行くように装って部屋を出ました。

真のお父様の接待をしていたので、近くでお父様を拝見する機会が多くありました。真のお父様の唇も口元もとても荒れておられたのです。日本に来られる前、韓国を巡回されながらみ言を語り続けて来られたことを後で知りました。

真のお父様は、到着されたその日私に、「トミちゃん、先生はね。日本留学時代に下宿した家に明日行ってきたい」とおっしゃり、紙に漢字で「三橋」と書かれました。私が「みはしさんですね」と申し上げると、「これは、みつはしと読むんだよ」と言われたのです。

真のお父様が下宿された家のおばさん（三橋イトさん）に対しては、「三橋さんは田舎（栃木県安蘇郡）に帰ると、美味しい草餅《くさもち》を持ち帰り、日本人と差別することなくみんなに分けてくれた。本当に美味しくて忘れられない」と語られたのです。その草餅が美味しかったのでしょうが、それ以上に戦前、朝鮮人に対する差別がとても激しい状況の中で、日本人と分け隔てなく接してくれたことが、心に残って忘れることができなかったのではないでしょうか。

翌一月二十九日に真のお父様ご一行は、留学時代に下宿された場所（現在、新宿区西早稲田二丁目）に行かれ、二時間ほど捜され三橋イトさんに会われました。その日の夕食は食べて来られる予定でしたが、久保木修己会長（当時）と途中ではぐれたため、ご一行は夕食を食べずに本部教会に戻って来られました。そのときの真のお父様のお顔は、本当ににこにこされていました。

三橋イトさんと会われたとき、真のお父様はドル紙幣を渡されたそうです。一緒に随行したのは、崔元福《チエウォンボク》先生と崔奉春・申美植《シンミシク》先生ご夫妻でした。申美植先生の話によれば、三橋イトさんは真のお父様が偉い国会議員にでもなられたような印象を持たれ、崔元福先生をお父様の奥様のように思われたそうです。

この年の真のお父様のご来日の主な目的は、聖地を決定することでした。世界百二十か所の聖地を決める一番最初が日本だったのです。西川先生の奥様である申美植先生（通称、美植ママ）から、聖地決定にお父様と一緒に回るように言われ、真のお父様ご一行に随行しました。日本の聖地は全部で八か所定められたのですが、最後の仙台、札幌には行きませんでした。ですから私が行ったのは、東京、名古屋、大阪、高松、広島、福岡の六か所です。ちなみに仙台と札幌には、美植ママと桜井夫人が同伴しました。

名古屋には、開通して間もない新幹線で向かいました。新幹線に乗られたのは、お父様、崔元福先生、西川先生と久保木先生、それに私でした。私は真のお父様とは通路を隔てた左側に座りました。そして食事を取るときのことです。真のお父様は「トミちゃん、ちょっと食べる？」と言われ、食べ始められたご自分のお弁当の中の一つを私に取るように差し出されるのでした。

普通でしたらおそれ多くて、「結構です」となるはずですが、「いただきます」と言って受け取りました。そのときは真のお父様と私たちは親子の関係であると思って、素直に頂いたのです。すると真のお父様は、「トミちゃんのもちょうだい」と言われました。

食べかけたお弁当から、真のお父様に何か差し上げるなどできることではなかったのですが、私の弁当を真のお父様に差し出すと、そこから何か一つを取られたのです。真のお父様はなぜそのようなことをされたか真意はよく分かりませんが、緊張している私の心を解きほぐす目的もあったのではないかと思います。

聖地決定で思い出すのは、高松の屋島に行ったときのことです。真のお父様は雑木林の中に入られ、高松の聖地を決められました。真のお父様の背広には、木の葉がたくさん付いていました。聖地が決定されたとき、西川先生は真のお父様を景色の良い所に案内しようとされました。そのとき、真のお父様は非常に怒られたのです。

「先生は景色を見にきたと思うのか」。

その言葉を聞いて、先生は命懸けで聖地を決定するために来られたことが分かったのです。

話は前後しますが、高松では次のようなこともありました。高松でみ言を学んでいる壮年がいたのです。高松市の目抜き通りにある時計屋の元主人で、そのころは隠居している方でした。講義を聞いても、すぐに「お茶にしよう」と言い出す壮年でした。

聖地を決定するために真のお父様が高松に来られたとき、この人には来てほしくなかったので連絡しなかったのです。ところが、真のお父様が高松の教会に来られたとき、その壮年が教会を訪ねて来ました。その人は、お父様の価値など分かるはずはありません。私は真のお父様に失礼があってはいけないと心配したのですが、その壮年は自然なかたちでお父様を慰めてくれたのです。

その人は統一教会の女性たちを評して、「美人で、田に舞い降りた鶴のようだ」と賛美するのです。真のお父様はその人に頭を深々と下げながら、「よろしくお願いします」と言われていました。真のお父様は高松の聖地決定のとき、真のお父様がその方も一緒に連れて行かれたのです。真のお父様は高松のために揮毫《きごう》されましたが、その人はその揮毫を見て、「ようよう、あんた字がうまいね。名刺をちょっと欲しい」と言い出す場面もありました。そして真のお父様が高松を出発されるのを知ると、偉い先生が東京に帰られるということで、急いで家に帰られ、のし紙をつけた餞別《せんべつ》の袋を持って来られたのでした。

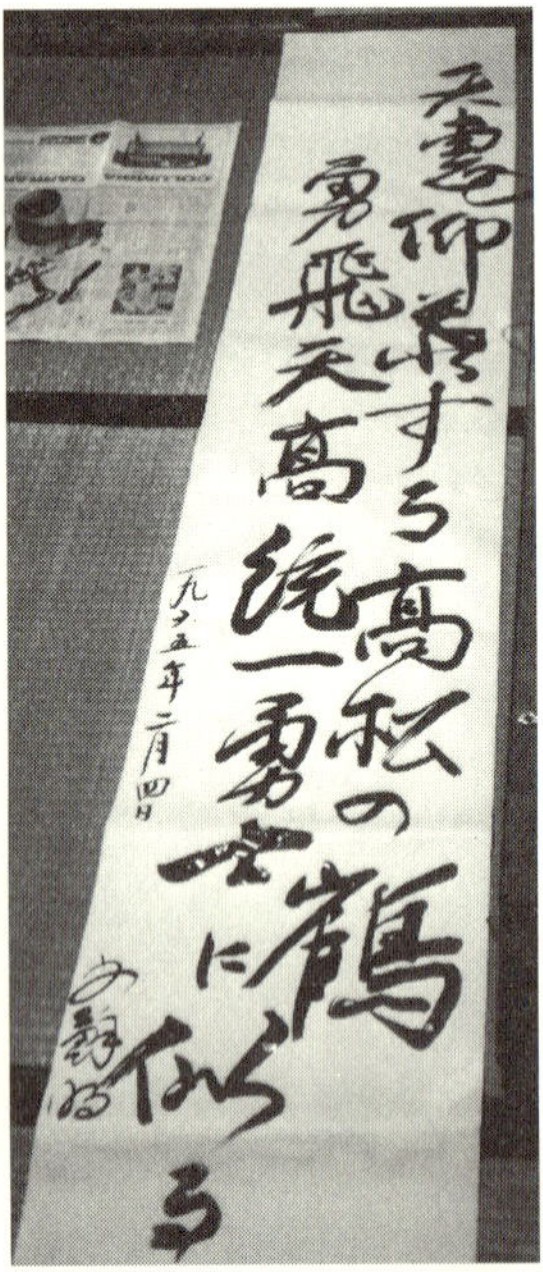

揮毫される真のお父様
（1965年２月４日、高松教会で）

高松教会の前で真のお父様をお迎えして記念撮影

真のお父様は、東京に向かう機内で窓から下を見下ろしながら、「日本は山が多いな」と小声で言われながら、何かを考えておられるようでした。東京に戻ったのは、一九六五年二月六日のことです。翌日は陰暦の一月六日で真の父母様のご聖誕日でした。真のお父様が渋谷の南平台本部に戻られたときのことです。ケーキ屋さんが運んできた立派なケーキを見て、大きな声で叫ばれました。

「日本はまだそこまでいっていない！」。

美植ママは、真のお父様の四十五歳のご聖誕日をお祝いするためにケーキを準備していたのです。帰ろうとしていたケーキ屋さんも、真のお父様がしかられるのを聞いて驚いたことでしょう。南平台の本部には、多くの教会員が集まりましたが、地方は東京に比べればまだ何の基盤もないような状況だったのです。お父様は地方で苦労しているメンバーを直接ごらんになられて、このように言われたのだと思います。

真のお父様は二階に上がられたので、私も二階に行くとお父様はにこにこしておられました。「みんなどうしているかね」と聞かれました。私は「よく話しておきました」としか言えませんでした。

二月七日のご聖誕日には、ケーキカットをしてお祝いしました。この日真のお父様が語られたみ言は「我々は中心を求めて一つになろう」でした。夜の大和動会は、未明まで続いたのです。

私は真のお父様が来られると接待することが多かったので、普段、拝見することのできないお父様の一面をかいま見ることがありました。

一九六五年のことだったと思いますが、テーブルの上を片付けるために真のお父様が休んでおられる部屋に入ったときのことです。真のお父様のいびきが聞こえてきました。テーブルと真のお父様が休まれているベッドの間には、ついたてがあったのですが、ベッドのほうを見るとお父様の寝ておられる姿が目に入ったのです。

そのときの真のお父様の姿を見て驚きました。英語の本を手に持たれ、その持っておられる左の腕を上げたままいびきをかいて眠っておられたのです。普通であれば、本を持った腕が下に下がるはずであり、またそうでなければ本の重みで指の間から本は落ちるはずです。真のお父様のみ旨に対する執念の一端をかいま見た思いでした。

真のお父様の近くには、英語の堪能《たんのう》な崔元福先生もおられるので、英語の勉強など、それほどまでにしなくてもよいのではないかと思うのですが、真のお父様はそうではないのです。何事も「自分はこのために生まれてきたと思って取り組みなさい」と言われますが、お父様の生活は正にそのような生活でした。いつも真剣、いつも命懸けの真のお父様です。

真のお父様が帰国される一九六五年二月十二日、羽田空港にお見送りに行きました。真のお父様が乗られた飛行機が見えなくなるまで皆ちぎれんばかりに手を振り、祈りをささげました。するとそのとき、横で美植ママはさめざめと泣かれていたのです。美植ママは私に、このように言われました。

「トミちゃん！　先生はこの日をどれほど待たれたか知れないのよ」。

その一言を耳にしたとき、美植ママが韓国で真の父母様と共にご苦労してこられた歴史の深さをかいま見たようで、とてもうらやましい思いに駆られたのです。初来日されたこのときのことを振り返ると、接待役の私でしたが、真のお父様から私は何倍も何十倍も接待を受けた思いでした。

日本統一教会
先駆者たちの証言①
定価（本体1,400円+税）

2008年７月15日　初版第一刷発行

編　集　世界基督教統一神霊協会　歴史編纂委員会
発　行　株式会社　光　言　社
〒150-0042　東京都渋谷区宇田川町37-18
印　刷　株式会社　ユニバーサル企画

ISBN978-4-87656-137-7